⋯丁振宇 著

前言

微歷史也就是用「微博體」、Facebook的形式來記錄歷史。微博及Facebook的特點是短小、及時，適於傳播，近年來，微博和Facebook成爲國內最便捷的一種交流方式，對於記錄歷史來講，它同樣也是一個好工具。因爲當今社會生存競爭激烈，生活節奏奇快，人們沒有時間、沒有精力，也沒有耐心靜下心來閱讀冗長繁雜的歷史巨著來獲取知識，因而造成當下人們，尤其是年輕一代對歷史知識欠缺匱乏的窘況。

而《微歷史》的出現，除了「微時代」自身的推動之外，更多的是民眾自身的一種訴求。因爲它將微博體與歷史事實進行了有機的結合，在有限的字數裏以精當的內容濃縮精華，言簡意賅，字字珠璣。的確爲廣大讀者提供了一種解讀歷史的新可能性。無需非常集中的閱讀時間或持久專注，無需專門的歷史或理論素養，茶餘飯後，公車上，花費五分鐘翻閱一下，就會收獲良多。

明朝有十六個皇帝，除了皇帝這個正職外，他們偶爾還會做些兼職，有當和尚

的、有鬥蟋蟀的、有自封為大將軍的、有做木匠的、有做吊死鬼的……真是林子大了，什麼鳥兒都有！

朱元璋是個乞丐皇帝，想要發家相當不易：小的時候差點被餓死，幸虧命夠硬，連佛祖都不敢收，這才有了開國建業的機會。朱允炆是個可憐的孩子，皇帝還沒當幾天就被他四叔朱棣奪去了皇位。

朱高熾有個好兒子，要不然哪會輪到他當皇帝？朱瞻基是個好皇帝，就是愛鬥蟋蟀，所以他有一個美譽——蟋蟀皇帝。朱祁鎮的一生算是沒白過，經歷過皇帝、俘虜、太上皇（囚犯）、皇帝，這種跌宕人生的人，中國歷史上也就他一個。朱祁鈺這個皇帝當得很不過癮，還沒嘗到甜頭就被氣死了。現今都流行姐弟戀，可五百多年前的朱見深更是了不得，他與萬貴妃都能算是母子戀了，戀得差點斷子絕孫！

接下來輪到大明最能鬧的皇帝朱厚照出場了，他在位十六年，玩夠了就拍拍屁股走人，沒帶走一片雲彩，也沒留下一個兒子。朱厚熜是道家的忠誠信徒，閑著無事就愛搞點封建迷信活動。朱載垕是個好皇帝，可是太好色，最終英年早逝，嗚呼哀哉！

朱翊鈞是明朝在位時間最長的皇帝，他在位四十八年，但正經上班的時間扳著指頭都能算過來。朱常洛是個短命鬼，在位時間只有二十九天。朱由校不愛讀書，文盲一個，卻是個木匠天才。朱由檢是明朝最悲情的皇帝，不是因為他沒能力治國，而是

他的祖宗們太不厚道，把國家折騰得快玩完了才交到他手裏，可憐的他就這樣做了亡國君！

明朝的那些人很好玩，明朝的那些事很有趣。

本書在編寫上本著既嚴肅認真，又不失生動活潑的原則，遵循引導廣大讀者在輕鬆快意的閱讀中獲取歷史知識的宗旨，在選材上以正史爲主、野史爲輔，在筆法上力求做到短小精悍、生動幽默、靈活流暢、妙趣橫生，以求令閱讀者徜徉歷史海洋時興致盎然，回味無窮。

目錄
CONTENTS

版下的歷史

明朝其實很古怪

目錄
CONTENTS

太祖開國

我的江山我做主

朱家失火的真相

自古帝王出生都會有天降異象的傳說，朱元璋也不例外。據一些史料記載，朱元璋出生時，朱家的茅草屋上祥雲繚繞，紅光燭天，皇覺寺的和尚看到了還以爲是朱家失火了，第二天去看後才知道是朱元璋出生了。

關於朱元璋的長相，歷史學家們到現在還在爭論，美醜說法不一。《明史》記載，朱元璋「姿貌雄傑，奇骨貫頂。志意廓然，人莫能測」。綜合各個版本，我們大致可以得出朱元璋的長相如下：面貌粗黑，雙眼深陷，臉長嘴闊，下巴比上顎長出好幾分，雖不好看，但整體勻稱，且身材高大，威武沉著，眉宇間英氣逼人。小小的臉部輪廓都能複雜成這樣，皇帝就是皇帝！

據說朱元璋當皇帝後，曾找來三個有名的畫師爲自己畫像，前兩個都盡心盡力，畫得維妙維肖，連臉上有幾個麻子都畫上。朱元璋看後兩眼一瞪，說：「竟敢把朕畫得這麼醜，推出去斬了！」第三個畫師事前請教過一位智者，知道朱元璋很崇拜李世民與劉邦，於是把三人的面貌特徵融合在一起，畫了一張「三不像」，結果朱元璋龍心大悅，重賞了該畫師。

朱元璋小時候很頑皮，他在替地主家放牛時饑餓難忍，就與小夥伴們把一隻小牛犢宰吃了，事後怕地主打自己，就把牛尾巴塞進一個石縫裏，編瞎話說小牛犢鑽進山洞裏去了，拉不出來。這個天真的謊言當然瞞不過地主，結果朱元璋被毒打一頓，並被趕回了家。

每個人的童年都會有幾個死黨，朱元璋也不例外，他的死黨就是湯和、徐達、周德興等人。由此我們可以得出，每一個成功的男人背後，都站著一群了不起的死黨！朱元璋雖然年齡小，但成熟穩重，於是成了孩子王，他最喜歡演皇帝，讓孩子們三跪九叩頭，喊自己萬歲。由此可見，朱元璋的皇帝夢想是從小就樹立好的。

幾個死黨投軍後，就很少與朱元璋聯繫了。郭子興攻濠州的時候，湯和因立功被授予千戶，於是他給朱元璋寫信說：「老大，兄弟我在濠州發達了，你過來共用富貴吧！」小時候放牛時在忍饑挨餓、風吹日曬中培養起的感情不愧是經艱難考驗過的，就是深厚！

對比起湯和與徐達的小酒小肉，朱元璋的日子很是悲情。家鄉連年災害，曾經其樂融融的一家子，如今大都被餓死了。眼睜睜地看著親人一個個死去，十七歲的朱元璋仰天長歎：「老天爺，你有種的話就把我也餓死吧！」

無奈之下，朱元璋跑到皇覺寺當了和尚。他以爲靠著佛祖保佑外加香客的供食，應該還能湊合，哪知這一窮二白的歲月裏，老百姓自己都餓得前胸貼後背了，哪顧得上佛祖！沒辦法，命苦的朱元璋只好做了遊方僧人，拿個破碗，拄根拐棍出去要飯。

元朝的壓榨政策遍佈全國，朱元璋隨處可見自己的同行。只是別人是正兒八經的乞丐，他要飯時卻要說：「阿彌陀佛，施主，我要化緣。」因爲這冠冕堂皇的「要飯口號」，朱元璋沒少挨別人的白眼與鄙視。一天下來，也要不到多少飯。

朱元璋去過很多地方要飯，先是合肥，再折西過固始、信陽，又轉北到汝州、陳州、東向鹿邑、亳州。朱元璋在這三年中不僅磨練了自己，還瞭解了百姓的疾苦，接觸到了社會上的各種人和事。世事洞明，人情練達，練就了他堅強果斷的性格，爲他以後的打拚做了很好的鋪墊。

至正八年，朱元璋結束乞討生涯，回到皇覺寺。看著比自己走時更荒涼的寺院，朱元璋鼻子酸得有些發疼。但他沒哭，而是從此邊敲鐘邊讀書。朱元璋在乞討的三年中悟出了一則心得體會：他要改變自己的命運，擁有一番成就，縱觀古人，哪個成大事的人，肚子裏沒點墨水？

朱元璋在寺院裏的輩分最低，所以每天的工作是敲鐘和打掃。這樣也好，就當是對自己的磨練。孟老前輩不是說了：「天將降大任於斯人也，必先苦其心志，勞其筋骨，餓其體膚，空乏其身，行拂亂其所爲，所以動心忍性，曾益其所不能。」在書

中，朱元璋找到了自己的偶像，唐太宗李世民和漢高祖劉邦。

有一次，主持見大殿上的蠟燭被老鼠咬壞了，就訓斥了朱元璋。朱元璋想，伽藍神是管殿宇的，卻害得自己挨罵，就在神像背後寫上「發配三千里」。哪知主持晚上睡覺夢見伽藍神要離開皇覺寺，說是被「發配」了，第二天就去看神像，果然見後邊有字，就讓朱元璋把字擦掉。當晚主持就又夢見伽藍神回來了，說是被寬恕了。

朱元璋只想幹大事，但沒想過造反。當他收到湯和的信時，很糾結。誠如莎士比亞所說：「To be or not to be，that's a question.」（生存還是毀滅，這是一個問題）不久，朱元璋的師兄說官兵知道湯和給他寫信的事，要來抓他。朱元璋很是惱火：「將相本無種，男兒當自強！元順帝你個龜孫子！這可是你逼老子反的啊！」

至正十二年，朱元璋來到濠州投奔郭子興，哪知守城門的小哥看了他一眼，連句歡迎的話都沒說就把朱元璋給綁了，嘴裏還嘟囔著：「這人長得賊頭賊腦的，肯定是奸細！」朱元璋在心裏叫囂：「我——超級無敵玉樹臨風風度翩翩的美男子，長得賊頭賊腦？」但他嘴上沒吭聲，遇上這種愣頭青，自己就是有一百條理由也說不清！

郭子興此時正在元帥府中生悶氣，因爲今天他又和孫德崖吵了一架。突然有人來報說抓了個奸細，郭子興頓時眼前一亮，出氣筒找到了！當他看到朱元璋那張輪廓複雜的臉時，頓時被嚇了一跳，但看他雖被綁，卻很淡定，便心生好感。後來湯和趕來解釋後，郭子興雙手一拍：「歡迎參加革命！」從此，朱元璋翻開了人生的新篇章。

徐達與湯和拉著朱元璋去喝酒，他們二人在軍中的地位雖然都高於朱元璋，但從不在他面前擺架子，仍舊稱他爲大哥。這一點，讓朱元璋很欣慰，這才是真兄弟，好哥們！但在軍營中，朱元璋卻是該公則公，叫他們「千總」。這公私分明的態度讓湯和、徐達二人對朱元璋更加的佩服。

初來乍到的朱元璋小心謹慎，微笑待人，見誰都問好，還沒幾天，就被評爲「微笑達人」。平時沒事的時候，朱元璋還會幫大家磨兵器。一天晚上，郭子興巡營時剛好看到他在磨兵器，就問：「你是磨兵器的？」朱元璋答道：「不是。反正這會兒睡不著，就幫大家幹點活。」郭子興當即升他爲親兵九夫長。

誅滅元朝的利器

要幹大事的人，都有個響亮的名字，朱元璋這時候還叫朱重八。畢竟也是讀了點書的人，不一會兒他就想到了個好名字——朱元璋。這取自諧音之妙，璋是種利器，元璋意爲誅滅元朝的利器。從名字就能看出朱元璋對元朝的仇恨有多深！光看這決心，元朝就已離滅亡不遠矣！

朱元璋每天都很勤奮，白天練武，晚上看書。偶像派他是沒機會了，所以就只能做實力派了！要不成大事，兄弟們會不服！皇帝也不是好當的，要不是現在這槍磨得又快又光，以後登上帝位還不被手下的人給拽下來？朱元璋用實際行動再次向我們證明了一個道理：人醜不是問題，實力才是硬道理！

朱元璋很有遠見，把每次執行任務得到的戰利品都交給郭子興，老郭一高興就賞他好多。朱元璋也不獨吞，直接平分給手下的兄弟們。俗話說「吃人嘴軟，拿人手短」，這手下的弟兄也不是不識好歹的人，因此對朱元璋都忠心耿耿。

因爲起義的人越來越多，所以元朝廷打算殺雞儆猴，很不幸，芝麻李就是那隻倒楣的「雞」。丞相脫脫親率大軍殺到芝麻李佔領的徐州城下後放話：「你個小芝麻，哥我滅不了你就不回家，看你有多大本事！」芝麻李的本事不大，很快就彈盡糧絕，壯烈犧牲。他的手下彭大、趙均用帶著逃出的革命弟兄來到濠州，郭子興開門相迎。

動物界的法則

凡是在動物界混的都知道：一山不容二虎，可作爲靈長類的郭子興同志大意了，他與另外四位元帥的矛盾愈演愈烈。後來，孫德崖教唆趙均用把郭子興給綁架了，並把郭子興揍得鼻青眼腫，出氣多進氣少。正準備撕票時，朱元璋率著一幫人殺了進來，趙均用一看自己人少，就把郭子興給交了出來，如此郭子興又給朱元璋記了一功。

朱元璋經常被郭子興叫到家裏吃飯，郭子興的兒子郭天敘就不樂意了：「你怎麼待他比待你親兒子我還好？」老郭也不客氣，一句話就把小郭給噎死了：「因爲老子我快被那幾個龜孫打死的時候，敢去救我的不是我的親兒子，而是朱元璋！」小郭不吭聲了，因爲他那時的想法是：「老郭死了，我就可以當元帥了！」

有次開會，徐達去晚了，郭天敘抓住小辮不放，非要用軍法懲罰他。朱元璋知道這廝是對著他來的，不願落他話柄，就忍痛親自處罰徐達，打得徐達皮開肉綻。事後朱元璋親自給徐達上藥，徐達說：「哥，別自責，我不怨你。」朱元璋咬牙說：「達，放心，哥剛才已經咒他趕快死了。」沒過多久，小郭就真死了。這嘴，看來是開過光的！

呂洞賓好心卻被狗咬的心情，郭子興一定能體會到。好心收留趙均用他們，卻被揍得滿身傷，現如今，脫脫又派兵來打自己，原因很簡單：你郭子興不知好歹，你鬧革命我沒派人揍你，你不感謝我，感謝國家，就已經讓我很不爽了，現在倒好，竟然還敢窩藏逃犯！老虎不發威，你當我是病貓啊?!

賈魯，歷史上有名的「賈魯治河」的男主角，曾向元順帝上書修建黃河堤壩，結果還真給修好了。這一成就，讓他受到當時以及後人的高度評價。清代水利專家靳輔對賈魯所創的用石船大堤堵塞決河的方法非常讚賞：「賈魯巧慧絕倫，奏歷神速，前古所未有。」人們為了紀念賈魯，將山東、河南有兩條河命名為賈魯河。

至正十二年冬，丞相脫脫派賈魯來攻打濠州，結果被朱元璋給打得落花流水，賈魯一氣之下歸西了。朱元璋乘勝追擊，把元兵打得軍旗都扔了，慌亂撤退。濠州的第一次反圍剿取得了勝利，朱元璋也因此一戰成名。

Q 每個成功男人背後，都有個了不起的女人

但凡對朱元璋稍微有些瞭解的人都知道，他有個賢慧媳婦馬秀英，即後人尊稱的馬皇后，而郭子興正是馬秀英的養父。郭子興與馬秀英的父親是至交，馬秀英母親早逝，父親臨死前把她託付給了郭子興，念於故人的友情再加上馬秀英本身的聰明伶俐，郭氏夫婦對她是寵愛有加。

無論是正史還是野史，給予這位馬皇后的評價都很高。不管是禦夫術還是禦子術，她無疑都是高手中的高手。她賢良淑德，勤於內治，史書記載宋朝的皇后大都比

較賢良，她就將宋代的家法彙編成冊，讓后妃們朝夕攻讀，這使得明朝賢慧的皇后占了大多數，朝野中很少出現外戚專權的局面。可以說，馬皇后為明政權的穩定作出了重大的貢獻。

在一次酒宴上，郭夫人拉著馬秀英在軍帳後偷看，讓馬秀英自己挑個中意的夫婿。馬秀英一眼便看中了朱元璋，雖然這人長相不怎麼樣，但眉目軒昂，英氣逼人，非池中物。郭氏夫婦也很欣賞朱元璋，就張羅著把二人的婚事給辦了。朱元璋算是撿到了大便宜，找了個這麼好的媳婦。

每一個成功的男人背後總是站著一個了不起的女人，而馬秀英無疑是歷史上站得最穩的。郭子興為人心胸狹窄，愛聽信讒言，曾多次囚禁朱元璋，而每次都是馬秀英從中斡旋，才使得朱元璋能脫離困境。有次為了給囚禁的朱元璋送吃的，她將剛烙好的熱餅偷偷揣進懷裏，結果拿給朱元璋時，胸前都燙傷了。

朱元璋很聽馬秀英的話。比如，太子朱標的老師宋濂，其孫子宋慎被牽連進胡惟庸一案，朱元璋連宋濂也要殺。馬皇后勸說道：「老百姓家請個老師還能以禮相待，更何況你這個當皇帝的？你要是把他殺了，看誰以後還敢來咱家當老師！再說宋濂一大把年紀耳聾眼花的，他孫子的事他是想管也管不了啊！」於是朱元璋放過了宋濂。

馬皇后的口才很好。一次，馬皇后問朱元璋：「現在的百姓都過上小康生活

沒？」朱元璋順嘴來了句：「你一個女人，瞎操這心幹啥！」結果，馬皇后不依了：「你是百姓之父，那我自然就是百姓之母了，當媽的問問咱孩子過得好不好還犯法了？」結果英明神武、戰場上所向無敵的朱元璋，愣是被這句話噎得乾瞪眼。

馬皇后很關心老百姓的生活。收成不好的時候，她就帶領後宮的人一起吃素，把省下來的錢用來買米發給窮人。她也從來不穿高檔的衣服，從來都是穿著樸素。朱元璋曾誇她「家有賢妻，猶國之良相」。馬皇后對後世影響很大，是史家公認的中國封建時代的第一賢后，後世的皇后，甚至連百姓家的女子都以她為偶像，爭相仿效。

Q 好雙大腳

洪武年間的一次元宵夜，朱元璋與劉伯溫私訪京城燈會，見一燈上寫著：「女子肩並肩，乘風蕩舟去。忽然少一人，卻向月邊住。」謎底為「好雙大腳」。朱元璋立刻大發雷霆，認定這是諷刺皇后，於是下令捉拿這些人。馬皇后趕緊勸道：「大過節的，百姓也是取個樂子，並無惡意，不要動不動就生氣。」朱元璋這才作罷。

洪武十五年八月，馬皇后患了重病，她對朱元璋說：「生死有命，即使是祈禱祭祀也沒用的。醫生也不能讓人起死回生，如果我吃了藥沒有效果的話，你肯定又該怪罪那些醫生沒本事了，所以，我不要吃藥。」不久，馬皇后就去世了，享年五十一歲。朱元璋傷心得鼻涕一把淚一把，從此再不立后。

做大事要目光長遠

朱元璋終於對郭子興與孫德崖他們每天的無聊掐架行爲忍無可忍，向老郭建議出去發展，可郭子興卻只貪圖眼前的片刻安寧。於是朱元璋決定狠狠戳一下老郭的痛處：「做大事要目光長遠，難道您還嫌老孫他們上次打您打得輕？」老郭被朱元璋戳得齜牙咧嘴，答不上話，心裏罵道：「你這死孩子，嘴巴那麼毒幹嗎?!」

之後，郭子興任命朱元璋爲鎮撫，讓他去攻打定遠。但老郭聽信了兒子郭天敘的讒言，淨給朱元璋派些老弱病殘的將士，還騙朱元璋說：「這些人都是實力派的，最有經驗。」朱元璋翻了個白眼：「老狐狸！我再也不會相信你的話了！信你我就是豬！」一怒之下，他請命只帶了湯和、徐達等二十四位兄弟，回鄉徵兵去了。

《明史．太祖本紀》中記載：「時彭、趙所部暴橫，子興弱，太祖度無足與共事，乃以兵屬他將，獨與徐達、湯和、費聚等南略定遠。」定遠這一戰，比起朱元璋後來氣貫長虹、金戈鐵馬的諸多大戰，雖是小菜一碟，卻意義非凡。定遠一戰是朱元

璋建立大明帝國的第一塊磚。

打仗不僅需要好兵器，更需要人才，智慧的力量有時候並不比鋤頭小。定遠不大，但人傑地靈，有名的馮國用、馮勝兩兄弟以及被譽爲「在世蕭何」的李善長都是在這裏被朱元璋「挖」到的。

馮國用精於謀略，勸朱元璋先取南京的人就是他。馮國用說南京是幾朝古都，有帝王之氣，朱元璋一聽有理，便對他刮目相看。征戰期間，馮國用還曾救過徐達的命。可惜，至正十九年四月，在攻打浙江紹興時，年僅三十五歲的馮國用暴死軍中。洪武三年其被追封爲郢國公，在肖像功臣廟中，位列第八。

馮勝，也是個了不得的人物。他驍勇善戰，隨著朱元璋的建明史一路走來，從攻滁州、和州，到戰三叉河、板門寨、雞公山，到援安豐，再到決戰鄱陽湖，下武昌降陳理，克平江俘張士誠等等，一直是小功不斷，大功連連。其所立軍功僅次於徐達、常遇春，在明初大封功臣時，被封爲宋國公。

朱元璋攻下定遠後，準備離開去攻滁州，卻在城門口看到騎著毛驢看書的李善長。慧眼識人是好領導的必備條件，朱元璋在這方面很少出過差錯，所以他一眼就相中了李善長。李善長也聽過朱元璋的大名，當下點頭同意幫助朱元璋。從此，這位智者開始譜寫自己的輝煌歷史。

十八條扁擔起義

至正十三年正月，張士誠因不滿當地鹽官，與其弟張士義及李伯升等十八人率鹽丁起兵反元，史稱「十八條扁擔起義」。不到一個月的時間，張士誠領導的鹽民起義軍就達到了上萬人的規模，成爲元末反元起義軍的主力軍之一。

張士誠的隊伍逐漸壯大，先後攻佔了泰州、興化、高郵等地。至正十四年正月，張士誠在高郵建立臨時政權，國號大周，改元「天祐」，自稱「誠王」。高郵曾一度被元大軍包圍，後因主帥丞相脫脫臨陣遭貶，元軍自亂，張士誠才能乘勢出擊獲勝。

至正十三年七月，朱元璋攻下滁州。正當朱元璋尋思著下一站打哪兒的時候，岳父郭子興來了。原來，朱元璋走後，孫德崖他們一個勁兒地欺負老郭，「一比四」明顯存在差距，所以郭子興一氣之下來找自己的女婿了，他甚至連元帥府都搬來了，美其名曰「接管滁州」。朱元璋無奈，交出軍權。

郭子興想挖朱元璋的牆角，便找到李善長說：「你跟著我混，我賜你官做，好嗎？」當然不好！李善長鄙夷地斜視了郭子興一眼，毫不猶豫地拒絕了。笑話，他又

不傻，早就看出了郭子興這人沒什麼前途！與朱元璋相比，他壓根看不上郭子興這棵「蔥」！

朱元璋的野心已經被自己的每戰必勝充分喚醒，他不想看到郭子興的醜惡嘴臉，於是請命攻打和州，郭子興欣然同意。至正十五年，朱元璋用計一舉攻克了和州。消息傳來，郭子興即刻任命朱元璋爲總兵官，鎮守和州。

一次，朱元璋召開會議，等到會議室時，發現右邊的座位已經坐滿了，只剩左邊的（**那時以右為尊**）。朱元璋並不吭聲，只是坐在左邊最後一張凳子上開始開會。朱元璋對目前的軍事情形侃侃而談，邏輯嚴謹的分析，讓在座的各位老將都嘆服不已，刮目相看。

朱元璋提出修城牆後，讓老將領人負責一半工程，自己領人負責一半。結果到驗收時，自己已經完成，老將卻還沒動工呢！爲了給他們來個下馬威，朱元璋只能委屈自己的兄弟了。他先把湯和處置了一頓，原因是工程不合格。老將看他連自己的兄弟都不講情面，只好主動請罰。

朱元璋外出時，看到一個小孩在哭，就問他原因，他說是等爸爸。原來，小孩的父母都在軍營，夫妻不敢相認，只好以兄妹相稱。朱元璋意識到，部隊的軍紀太差，如此下去將失去民心。於是，朱元璋召集眾將，申明紀律，下令歸還軍中有夫之婦，讓城中許多被拆散的夫妻團圓。後此事廣爲傳頌，讓朱元璋深得民心。

孫德崖跑到和州來向朱元璋借糧食，朱元璋哭笑不得，開始真懷疑自己最近是不是交了狗屎運，怎麼老碰見一些無恥之徒。郭子興聞訊趕來，說不借！於是，兩人在和州掐起架來。最後孫德崖無奈離開，朱元璋領頭相送，哪知老郭背後偷襲，扣留老孫。老孫的手下便把朱元璋綁了談判，一人換一人。無奈，老郭放人。

生氣是拿別人的錯誤懲罰自己，這話一點不假。郭子興放不開與孫德崖幾人間的仇恨，加上在和州一鬧，終因鬱結於心一病不起，沒多久就兩腿一蹬，駕鶴歸西了。他的幾個兒子沒啥真本事，所以實際軍權落到了朱元璋手中。

鄧愈，原名鄧友德，十六歲就隨父兄參加了義軍，英勇非常。當朱元璋攻下和州後，鄧友德率軍前來投奔。朱元璋驚喜交加，不久就和李善長一起找他暢談軍務。朱元璋見這孩子對軍法兵道很有見解，便委任他爲管軍總管，賜名愈。鄧愈當時年僅十八歲，是朱家軍中最年輕的軍官。

常遇春，原先跟隨在一位名叫劉聚的強盜頭目左右，後見劉聚等人實在沒有出息，也去投奔了朱元璋。朱元璋任命他做猛將前鋒，並故意將他安排在年少的鄧愈身邊，以讓這個性格乖張做過強盜的人看看鄧愈如何帶兵打仗。常遇春和鄧愈還算配合得好，先後攻佔牛渚磯、太平、溧陽、溧水、句容、蕪湖，立下戰功。

常遇春在進攻太原時，爲瞭解敵情化裝成樵夫進城打探，不料被元軍發現。他逃進附近的小巷裏，在老婦人柳氏的說明下，逃過一劫。獲救後，他爲謝恩，抬手折了根院裏柳樹上的柳條，對柳氏說道：「老人家，這裏不久要打仗了。爲免誤傷，請把它插在大門上，明軍見到柳枝後，便會盡心保護。」後來柳氏走家串戶，讓街坊鄰居都在門上插上柳條。

常遇春審清城中敵情，明軍迅速拿下太原城。攻入城中的明軍士兵，按常遇春的命令，看到門上插有柳枝的人家，便格外小心保護，秋毫無犯。後來，人們爲紀念柳氏和常遇春的恩德，也爲了慶祝太原的光復，就家家在門前種上一棵柳樹，漸漸綠柳成蔭。這條小巷就是如今太原有名的「柳巷」。

至正十五年夏，朱元璋領兵跨江向南進發。常遇春在採石磯一戰中遭遇元朝水軍元帥康茂才的嚴守。常遇春坐著一隻小船，在急流中勇猛進軍，衝向敵人的陣營，拚死奮戰。後來，朱元璋率軍登陸，一舉把元軍打退，康茂才降。乘勝追擊的朱元璋又領兵將太平攻克，並於至正十六年春攻下集慶，改名爲應天府。

郭子興死後，孫德崖想把朱元璋暗殺了，借機謀權，於是就擺了一道鴻門宴，以宴請朱元璋爲由，誘使他進入濠州城，想在城內用計殺了他。然而孫德崖並不是朱元璋的對手，計謀失敗，他自己卻丟了性命。孫德崖死後，趙均用幾乎掌握了濠州城的軍權，於是不願再依附在濠州，帶領軍馬另立山頭，自封爲永義王。

至正十五年二月，劉福通把在碭山避難的韓林兒母子接到亳州，正式建立政權。爲迎合「明王出世」的預言，韓林兒號「小明王」，以示黑暗已經過去，光明來到，建國爲大宋，亳州爲都，改元龍鳳，建立了北方紅巾軍政權，掌握大宋的軍政大權。

劉福通也是個會打仗的主。他在其後領導了一系列起義活動，擊敗答失八都魯的軍隊，並展開反攻，逼近大都，幾乎把元朝整個推倒。但好景不長，至正十九年龍鳳五年，元軍搶回汴梁，劉福通退守安豐。至正二十三年龍鳳九年，張士誠派呂珍進攻安豐，劉福通戰死。韓林兒向朱元璋求救，朱元璋親自率兵相救。

劉福通手下有個叫毛貴的人，原爲趙均用部下，後投奔劉福通。此人英勇善戰，在至正十八年龍鳳八年進攻元大都戰敗後，仍能全師而退，退守山東，經營屯田，使軍糧不致匱乏。後毛貴等人率領的紅巾軍完全控制了山東，給劉福通在河南的鬥爭以強有力的支持。可惜，毛貴於次年四月被趙均用所殺。

毛貴的一個忠實部將續繼祖，在遼陽駐守，當他聽到毛貴的死訊後，不惜放棄地盤，率著弟兄們趕來山東，找趙均用死拚，發誓要替毛貴報仇。結果，真拚死了趙均用。毛貴的部將田豐與王士誠此時正在苦守東平，直到至正二十一年龍鳳七年八月其因抵不住察罕帖木兒大兵壓境，投降。

山東益都的守將姓陳，名字不詳，元兵給他起了個綽號：「猱頭」。至正二十二年龍鳳八年，田豐、王士誠反正，刺殺察罕帖木兒，引兵東退益都，和陳猱頭合在一起。察罕帖木兒的養子，漢人王保保極會打仗，把益都圍攻了九個月，並在九月破城，殺了田豐、王士誠，把陳猱頭押解回大都。

王保保，胡名擴廓帖木兒，本姓王，小字保保。王保保的爸爸是中原人，媽媽是元朝將領察罕帖木兒的姐姐，後來被爲舅舅察罕帖木兒收爲養子。元末農民起義後，王保保開始跟著舅舅到處打仗，鎭壓紅巾軍，屢立戰功。因此，元順帝賜他名爲擴廓帖木兒。

韓林兒被救後，名義上仍是宋政權的皇帝，所以曾多次下詔加封朱元璋官職，後進封爲吳王，直到至正二十六年龍鳳十二年，朱元璋下達命令時仍稱「皇帝聖旨，吳王令旨」，用龍鳳年號。這年十二月，朱元璋派部將廖永忠迎小明王到南京，途經瓜步江，將小明王沉入水中溺死。

廖永忠向朱元璋請罪，朱元璋爲表示對韓林兒的忠心假裝大怒，非要斬了這廝不可。湯和、徐達這些老將趕緊出來相勸，劉伯溫、李善長也從中說好話，最後，全軍將士一起爲廖永忠求情，朱元璋才赦免他的死罪。自此，朱元璋放棄龍鳳年號，次年改成吳元年，後宋政權正式滅亡。

陳友諒的皇帝夢

徐壽輝稱帝不久，太尉倪文俊就謀劃著如何殺了他，取而代之。然而還未行動，陰謀就已敗露。倪文俊只好去投奔在黃州的部將陳友諒。陳友諒正發愁沒法建功升官，見了倪文俊後就揮刀砍了這倒楣蛋的腦袋，樂呵呵地找徐壽輝邀功請賞去了。

陳友諒，本姓謝，因爲祖父謝千一入贅了一戶陳姓人家，因此改姓爲陳。小時候他因爲窮、身分低下沒少受歧視，後刻苦讀書，在州衙做文書，算是有了份像樣的工作。但這份工作並不好做，也不稱心。不久，自尊心極強的陳友諒就辭職回家做了漁民，後來率一批漁民投奔了徐壽輝。

陳友諒也算是有智謀的人，只是有些腹黑。他在反元戰爭中竭力爭取與漢族地主階級合作，網羅了不少地主階級知識份子，知名的有元兵部尚書黃昭和進士解觀等人；同時，在天完內部製造分裂，企圖篡權奪位。

至正十六年，常遇春與元兵在採石磯大戰。元兵借地理優勢多次擊退常遇春的軍隊，最後常遇春乘一艘小船，左手持盾，右手揮劍，冒著射來的亂箭直衝而上，衝到元兵跟前時一躍而上，刺死了守磯頭目老星卜喇，取得了勝利。這一戰讓常遇春名聲

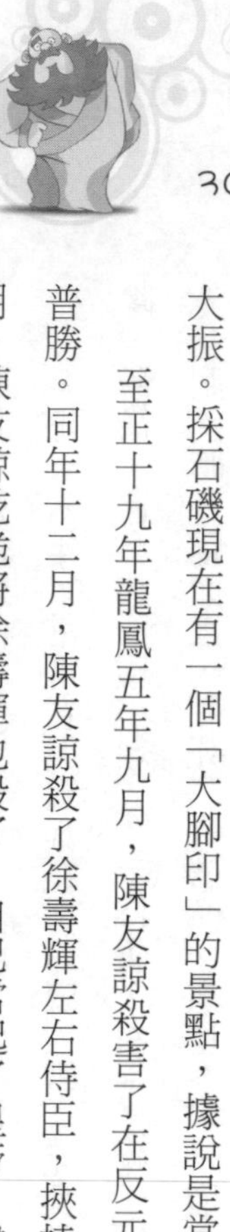

大振。採石磯現在有一個「大腳印」的景點，據說是常遇春登岸時用力過猛留下的。

至正十九年龍鳳五年九月，陳友諒殺害了在反元戰爭中功勞卓著的天完將領趙普勝。同年十二月，陳友諒殺了徐壽輝左右侍臣，挾持徐壽輝，自稱漢王。次年閏五月，陳友諒乾脆將徐壽輝也殺了，自己當起了皇帝，建國號大漢，改元大義，以恢復漢族王朝的統治為號召，但他仍以鄒普勝為太師，張必先為丞相，張定邊為太尉。

趙普勝，外號雙刀趙，是天完最早的將領之一。當天完紅巾軍反元活動陷入低潮之際，他跑去客串了幾年朱元璋的部下。當天完又強大時，他重新回到了徐壽輝身邊。趙普勝堪稱驍將，資歷在陳友諒之上，智謀卻與人家差了一大截。於是，陳友諒設計陷害趙普勝，讓徐壽輝以謀反罪揮淚將他斬了。

陳友諒要想稱霸天下，朱元璋就是他的勁敵。陳朱之間的戰爭前後進行了三年多，歷龍灣、江州、鄱陽湖等幾次重大戰役。當時陳友諒的部下大多是天完舊屬，對他的心狠手辣早有不滿，因此，只要一與朱元璋開打，這些老臣就都乖乖投降了。陳友諒心頭的火竄了又竄，牙齒都差點咬碎了幾顆！

至正二十年龍鳳六年，陳友諒攻下採石，朝朱元璋的根據地南京開火。朱元璋讓部下康茂才寫封假投降書把陳友諒騙到現在南京西北的龍灣，殺紅眼的老陳果然上當。當陳友諒發現情況不妙時，為時已晚。雙方隨即展開惡戰，偏偏這時江水落潮，倒楣的陳友諒的百艘戰船全部擱淺，於是他只好坐小船逃往江州。

火燒陳友諒

至正二十三年龍鳳九年，陳友諒親率六十萬水軍攻打洪都。當時朱元璋正與張士誠作戰而無力分身，於是下了死命令：「誓死保衛洪都，等待大軍來援！」守城的是朱元璋的侄子朱文正。朱文正接到命令後一改平日不務正業的模樣，以四萬兵力死守洪都八十五天，連陳友諒都讚歎：「朱元璋座下猛將如雲，竟還有朱文正此等軍事奇才，若能效力於我，勢必如虎添翼！」

與朱文正一同守城的還有猛將鄧愈。鄧愈很擅長使用火器。陳軍一度攻破城牆，闖入城中，朱文正便派鄧愈領兵前去禦敵。鄧愈帶兵持火槍輪番射擊攻入城中的敵軍，漢軍紛紛倒下，餘下的敵軍看到火器殺傷力強大，十分畏懼。在洪都守軍強硬反擊之下，漢軍只能退出城外，如此朱文正有了足夠的時間修補城牆。

後朱元璋親率大軍前來洪都救援，決定來個「火燒陳友諒」。他調來七隻小船，上面載滿了蘆葦火藥，由敢死隊員駕著駛向陳軍的大船並佔據上風位置。待東北風剛一刮起，敢死隊員們就點燃小船衝向陳軍。陳軍的大船轉動不便，來不及躲閃，幾百

艘戰艦最終都化作了灰燼。

陳友諒無法相信自己的無敵艦隊就這樣被化爲烏有，氣得吹鬍子瞪眼道：「他朱元璋是不是跟我相克啊！」在突圍之時，朱軍亂箭齊放，將其射死。最終陳軍慘敗，朱元璋獲得了全面勝利。鄱陽湖水戰長達三十七天，其歷時之長，規模之大，投入兵力、艦船之多，戰鬥之激烈，是前所未有的！

還有一段小插曲：

一次，朱元璋的座船擱淺了，陳友諒的得力幹將張定邊趁機率船隊來攻擊，形勢十分急迫。常遇春一馬當先，將張定邊射傷，並以自己的戰船去撞朱元璋的座船，才使其離開淺灘。這一仗雖然十分艱險，但朱元璋大呼打得過癮，爲他統一江南奠定了基礎。鄱陽湖之戰是中國水戰史上以少勝多的經典戰例。

Q 軍人的最高榮譽

洪武二年，年僅三十九歲的常遇春因得「卸甲風」而暴死於柳河川軍中，朱元璋聞訊驚倒於龍椅上，失聲痛哭。後朱元璋追封常遇春爲開平王，諡曰忠武，配享太廟。古至明代，諡忠武的，只有唐朝尉遲恭與宋朝岳飛，常遇春是第三個，可見，朱元璋給了常遇春軍人的最高榮譽。

常遇春和徐達可稱爲朱元璋的左膀右臂。徐達是一個帥才，有智謀，有戰略眼光，而常遇春則是典型的將才，既有武將的勇猛，又有文人的謙遜，雖然他比徐達大兩歲，但對徐達謙恭有禮，十分尊重。徐達以謀略持重著稱，常遇春以勇猛果敢聞名，因此，世人稱他們爲「徐常二將」。

曾有人將明朝的統一大業概括爲南下、西征、東取和北伐四個大階段，在所有的階段常遇春從始到終，大小戰役沒有一仗是不參加的。常遇春體貌奇偉，沉毅果敢，長臂善射，一生從未敗北，被譽爲「天下奇男子」。他自稱能以十萬大軍橫掃天下，軍中將士戲稱他爲「常十萬」。朱元璋評價常遇春爲「雖古名將，未有過之」。

朱元璋曾在常遇春的墓前賦詩一首，表露其對常遇春逝世的極度悲哀：「朕有千行生鐵汁，平生不爲兒女泣。忽聞昨日常公薨，淚灑乾坤草木濕。」常遇春的英年早逝，是明朝初期的一大損失，但對其個人來說，卻是幸事，因爲這讓他逃脫了大殺功臣的悲劇，保全了他的榮譽，使他的英雄業績得以流芳百世。

Q 小諸葛劉伯溫

劉伯溫出身於官僚世家，從小才智超群。元統元年，年僅二十三歲的他就考中進士。劉伯溫的老師鄭復初曾誇他：「這孩子以後必成大器！」劉伯溫上知天文，下知地理，熟讀兵法，料事如神，被當地人譽爲「小諸葛」。在元廷當官期間他因清正廉明得罪了不少權貴，官位一直升升降降，一氣之下便辭職不幹了。

方國珍起兵後，劉伯溫又被任爲元帥的助理。方國珍想收買劉伯溫放自己一馬卻遭到拒絕，於是派人由海路到大都去厚賂元朝重臣，終於達到目的。劉伯溫因此被受賄的領導撤去職務，關在紹興府。劉伯溫氣得好幾次都想咬舌自盡獲得解脫，多虧朋友們拚命攔阻，才放棄了這個念頭。

劉伯溫又反覆被元朝徵召過幾次，但因是漢人，總是逃不掉被元人排擠的命運。在仕途上三起三落、到處碰壁的劉伯溫終於不再對元政府抱有希望。絕望之下，他把元世祖忽必烈的畫像放在桌子上，朝北而拜道：「我也不想辜負你，實在是你的兒孫們逼得我走投無路啊！」於是逃回老家青田，冷眼看世道去了。

閑來無事的時候，劉伯溫喜歡與幾個朋友青梅煮酒，談古論今，龍泉的章溢、麗水的葉琛、浦江的宋濂等等，都是經常與其「碰杯」的人，他們四人還被稱為「浙東四先生」。在當今起義稱王的幾個人中，他們最看好的是朱元璋，但文人都有文人的驕傲，他們並沒有想過要去投奔朱元璋，只是閑來無事八卦一下，作為消遣而已。

有一天，朱元璋問李善長：「你經常把我比作漢高祖劉邦，你好比是酇侯蕭何。至於徐達嘛，也比得上淮陰侯韓信，可用誰來比作留侯張良呢？」李善長答：「金華人宋濂博聞強記，又兼通象緯，應當可以擔此重任。」朱元璋卻說：「據我所知，通象緯者沒有人比得上青田劉基（劉伯溫）啊！」

胡大海和劉伯溫曾有交情，朱元璋就派他去請劉伯溫出山相助，共建大業，結果胡大海被趕了回來。朱元璋納悶地問胡大海原因，胡大海說：「咱們前不久好像誤殺了人家的一個朋友蘇坦妹。」蘇坦妹和楚方玉並稱「江南蘇楚」，與劉伯溫交好。朱元璋歎道：「誤會，這絕對是誤會啊！」

朱元璋跑到蘇坦妹墓前祭奠致歉，築碑立文，並親自找劉伯溫悔過：「劉先生，我知道錯了。但人死不能復生，你要節哀。為了救天下的黎明百姓於水深火熱之中，還請您大人有大量，幫我把黑心的元廷推翻啊！」並用上耍賴兼哭鬧的無理爛招。經不住這般鬧騰的劉伯溫終於被打敗，答應出山，但其他三人仍不願意。

一次，朱元璋隨手揚起手中的斑竹筷，請劉伯溫賦詩。伯溫脫口而出：「一對湘

江玉箸看，二妃曾灑淚痕斑。」元璋聽後說：「未免書生氣太濃了！」伯溫知道元璋是胸懷天下的人，便不慌不忙地接道：「漢家四百年天下，盡在留侯一借間。」這回算是說到了朱元璋的心窩子裏，朱元璋激動地說：「伯溫正是上天賜給我的張良！」

朱元璋建了座禮賢館以招攬天下更多的文人謀士。為表誠意，他還親自為館題名，那可是一雙拿刀的手啊！劉伯溫感動不已，決定親自出馬請自己的那幾位朋友出山。朱元璋又寫了萬言書，讓馬秀英跟著劉伯溫一起去。那幾人見朱元璋如此以禮相待，不好意思再拒絕，就加入了朱元璋的革命大軍。

認親大會

朱元璋攻下滁州不久，就有人來報，城外有來人稱是他親戚。朱元璋出去一看，是姐夫李貞和外甥保兒。老鄉見老鄉兩眼淚汪汪，何況這還是親人！當他問起姐姐的情況時，只聽保兒哽咽道：「我媽被活活餓死了。」朱元璋聽後更是傷心，就把他倆安排在了軍營中，將保兒改名為李文忠，認作義子，交由馬秀英撫養。

一天，有來人說是朱元璋的侄子，守門的士兵納悶：「這是要開認親大會麼？」但不敢怠慢，趕緊通知朱元璋。老朱又來到城門口，看到了改嫁的大嫂和侄子狗兒。

將狗兒託付給朱元璋後，大嫂執意離開。見留不下她，朱元璋就領著侄子回去了，將狗兒改名爲朱文正，認作了義子。

李文忠從小聰明好學，作戰驍勇，十九歲時以舍人的身分率領親軍，隨軍支援池州，擊敗天完軍，驍勇善戰爲諸將之首。李文忠治軍也很嚴明，他曾經下令擅入民居者死，後來有個士兵沒向他申請去一戶百姓家借了把斧子，李文忠知道後，依軍令將那名士兵處死，從此，再也沒有人敢違背軍令了。

至正二十五年春，張士誠派兵二十萬攻新城。李文忠與朱亮祖領兵前去救援，但兵力遠遠比不上張士誠。爲了安慰將士們，李文忠激勵大家：「兵在謀不在眾。敵軍多而驕，我軍少而銳，以銳遇驕，必能克敵制勝。」簡而言之，濃縮就是精華。聽罷將士果然士氣大增，殲張軍數萬，還俘虜了高級軍官六百多人。

關於李文忠其人，史書口碑是極好的。明史說：「文忠器量沉宏，人莫測其際，臨陣踔厲風發，遇大敵益壯」。他文武雙全，忠厚儒雅，因爲是朱元璋外甥兼養子，身分特殊，所以敢於向皇帝老爸直言。比如，朱元璋攻佔南京後，因糧餉供應不及向百姓增收田租，李文忠爲百姓求情，最終朱元璋同意減低稅額。

李文忠解除兵權回家後，爲人恭敬謹慎，朱元璋十分偏愛看重他，後因勸朱元璋少誅戮而受責。洪武十六年，文忠得病，朱元璋親自去探望，並命淮安侯華中負責醫

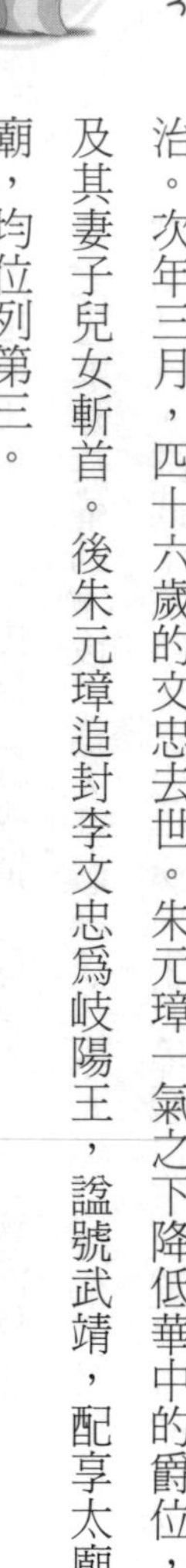

治。次年三月，四十六歲的文忠去世。朱元璋一氣之下降低華中的爵位，將其他醫生及其妻子兒女斬首。後朱元璋追封李文忠爲岐陽王，謚號武靖，配享太廟，肖像功臣廟，均位列第三。

李文忠死後，大兒李景隆繼承爵位。對於李景隆，明史有記：「長身，眉目疏秀，顧盼偉然。每朝會，進止雍容甚都，太祖數目屬之。」顯然，這是一個白面書生，外表甚爲英俊瀟灑，連朱元璋見了都不免要多看上幾眼。不過，據多方調查顯示，這人是個繡花枕頭大草包，外貌與智慧完全成反比。

朱文正，花花公子是也。比起沐英、李文忠，朱文正不是一個乖孩子，或許仗著自己是朱元璋的親侄子，他平日的行爲完全是公子哥的派頭，花天酒地，不務正業，下屬都對他很不滿，但礙於人家後台夠硬，沒有人敢出聲。但後來的洪都一戰卻讓所有人驚歎：「這小子看來也是實力派的，深藏不露啊！」

洪都之戰後，朱元璋問朱文正想要什麼獎賞，朱文正客氣了一下：「咱們是自己人，要啥賞賜！您先賞別人吧！」誰知，他客氣朱元璋卻不客氣，真沒賞他什麼。朱文正一氣之下準備投奔張士誠，朱元璋得知消息趕緊把他囚禁在桐城，並哭道：「爲什麼最愛的人卻要傷我最深？」至正二十五年，朱文正死於桐城。

朱文正所立下的赫赫戰功朱元璋並沒有忘記，至正三十年，朱元璋封朱文正年僅八歲的兒子爲靖江王，就藩桂林，並傳了十四代，相襲兩百八十年，使其成爲明史上唯一一脈非太祖血統的王族。朱文正出身布衣，善於謀，勇於戰，爲朱元璋立過奇功，然而因一時之錯，鑄成一生悲劇，真是成也洪都，敗也洪都！

胡大海是朱元璋在和州時來投誠的虹縣人，身強力壯，智力過人，立功不少，曾與李文忠合力攻下嚴州。這雖是兩人首次合作，但因爲有共同的目標，彼此配合還算不錯。但在治理嚴州時，兩人卻發生了爭執。胡大海說嚴州剛破，應加強軍事守備，而李文忠則認爲嚴州剛獲，應穩定人心，疏通政治。爭執後二人去找朱元璋評理。

親外甥與信任將領，這手心手背都是肉！於是，朱元璋打起了親情戰。他私下對文忠說：「保兒，咱們是自家人，那胡大海與咱非親非故還要幫咱出生入死的，我們總不能虧待他是不是？」文忠反思後，終於願意與胡大海和好，並接受了一個有職無權的工作，讓胡大海掌權。胡大海看到朱元璋不偏心，還這麼相信自己，更加忠心於朱元璋了。

作戰苦肉計

朱元璋在佔領南京後，算是有了自己的根據地，將士們的家眷陸續從和州趕過來

與親人團聚。朱元璋找來李善長、徐達等文臣武將一起開了場研討會，會議結論是要鞏固南京，就必須拿下東邊的鎮江，如果被張士誠搶先占取鎮江，他一定會過來攻打南京。

朱元璋與徐達商量了一齣苦肉計，「割肉」之人正是徐達。出戰前，爲了嚴明軍紀，朱元璋故意以放縱士卒的罪名將徐達抓起來，準備以軍法處斬。大家趕緊求情，徐達可是頂樑柱啊，好說歹說，老朱放話了：「徐達戴罪立功，如果這一仗輸了，那就必死無疑！」經此一鬧，誰還敢鬆懈？將士一鼓作氣地把鎮江給拿下了。

李善長很善於交際，曾建議朱元璋親往鎮江安民。朱元璋到後先拜謁孔夫子廟，以顯示自己尊儒愛民，行仁義，後在鎮江召集軍民，宣告愛民、護民的思想，且重用鎮江的儒士，讓這些讀書人勸告當地百姓擁護士兵，勤懇務農，發展經濟。這一舉動大大收攏了民心，徐達也因立下大功而被免除軍法，將士們終於鬆了口氣。

至正十六年六月，朱元璋派使者通好張士誠，希望雙方能夠「睦鄰守國，保境息民」。此時的張士誠已經佔據了最富庶的江浙地區。經過幾年的精心治理，江浙初現繁榮。財大氣粗的張士誠根本瞧不起要飯出身的朱元璋，拒絕了朱元璋好意，不僅扣押了使者，而且派兵攻打朱元璋佔領的鎮江。當然，沒攻下。

於是，朱元璋派徐達攻打張士誠的常州，但因張準備充分，久攻不下，朱元璋很不滿意，降了徐達一級官職後還寫信責怪：「達，你可是老將了，這次也忒差勁了，再拿不下哥可要生氣了！」

徐達一看急了，大哥生氣的後果可是很嚴重的，幸虧此時常遇春等率兵支援，終於攻克了常州。徐達一抹冷汗，歎道：「可讓老子給拿下了！」

張士誠得罪朱元璋的下場，相當的慘，不僅連失常州、長興、江陰、常熟等地，就連自己的三弟張士德也被朱元璋俘獲，這就叫「賠了夫人又折兵」！

從農民軍變成豪紳的代言人

張士誠稱王後，雖然廣攬人才，卻不能知人善任。其軍隊中既有對元朝懷有刻骨仇恨的窮苦百姓，也有投機農民革命的地主知識份子。當看到張士誠戰事不利，就有人鼓動張士誠投降元朝。一個月後，張士誠正式向元朝廷請降，並把隆平府改名平江。已經疲憊不堪的元朝廷大喜，冊封張士誠爲太尉，義軍將領也都得到了相應的封賞。

張士誠降元後，立刻成爲元朝廷鎮壓江南農民起義軍的急先鋒。他與元朝軍隊兵合一處，大舉進攻朱元璋的地盤，但雙方進行了大小數十次的戰鬥都沒有分出勝負。

於是，他又去欺負劉福通和韓林兒，攻佔了蘇北和魯南的大片土地。此刻，張士誠集團已經從農民軍徹底轉變成江南地主豪紳的代言人，好事不幹，壞事做盡。

張士誠不僅對手下的糜爛生活視而不見，還讓自己過起了帝王般的日子。一次，張士誠率船隊外出遊玩，跟隨的船隊「以新漆金花舟，施錦帆」，張士誠的船上「載美人泛此，列妓女於上，使唱『尋香采芳曲』」，元末詩人高啓作詩諷刺張士誠政權「水繞荒城柳半枯，錦帆去後故宮蕪。窮奢畢竟輸漁父，長保秋風一幅蒲」。

至正二十三年，張士誠集團的力量到達了巔峰，控制的疆域達到了空前的規模。九月，張士誠三次奏請元朝廷，希望朝廷能封自己爲王，卻遭到嚴厲拒絕。一怒之下，張士誠脫離元朝政府，自立爲吳王，分封百官。

至正二十四年，「高築牆，廣積糧」任務已經完成，朱元璋看時機成熟，就稱吳王，建百官司屬，但仍以龍鳳紀年，以「皇帝聖旨，吳王令旨」的名義發佈命令。因一三六三年張士誠早已自立爲吳王，故歷史上稱張士誠爲東吳，朱元璋爲西吳。

Q 一山不容二虎

一山不容二虎的道理朱元璋自然曉得，他也絕不容許有任何人威脅到自己的政權。在元朝末年抗元起義領袖中，有「（陳）友諒最桀，（張）士誠最富」之說，除去了陳友諒這塊絆腳石，接下來就是張士誠這根硬骨頭了。

至正二十六年，徐達與常遇春會師淮安，攻下興化，五月，又順便攻下了朱元璋的老家濠州。朱元璋親至濠州，省陵墓，宴父老，與當年不可同日而語。更大的勝利就在眼前，朱元璋採取集中兵力，先除去張士誠羽翼的戰略，把其勢力分爲兩段，南北阻隔，無法呼應，爲日後的進攻打下了堅實的基礎。

朱元璋也算是腹黑中的高手了，他想先拿下張士誠的蘇州，卻派徐達與常遇春去攻打湖州。這兩人不懂，就問他原因，他賊笑著說：「這叫調虎離山。咱打湖州，那廝肯定會從蘇州撥人過去支援，那打蘇州不就容易多了！」徐、常二人歎道：「您可真夠黑的！」老朱一瞪眼：「小孩子懂啥！這叫『無毒不丈夫』！」

至正二十七年，見圍城三月不下，朱元璋也不著急，從建康發來「最高指示」：「將在外，君不御，古之道也。自後軍中緩急，將軍便宜行之。」大概意思就是：「達，你在外邊哥也管不住你，這一仗你自己看著慢慢打吧！哥不催你！」徐達感動的眼淚嘩嘩流，更加細心和賣命。

張士誠被困在蘇州城中，眼看已經彈盡糧絕，決定豁出老命拚一把。張士誠剛打開城門準備出戰，常遇春就激動得大叫：「老子終於把這貨給等出來了！」他興奮得

揮兵上前，瞬間就把張士誠的精兵給打得落花流水。張士誠嚇得一個沒抓緊，從馬上掉了下來，幸虧部下眼疾手快，拉著他匆匆逃回城中。

據史載，當時城中一隻老鼠能賣百文錢，皮靴馬鞍等都被煮食充饑。張士誠不忍看人民受罪，就召集城中百姓說：「事已至此，我實無良策，只有自縛投降，以免你們城破時遭受屠戮。」百姓聞言伏地號哭，都表示願意與他固守同死。由於城中木石俱盡，最後只得拆寺廟、民居製作飛炮之料。

不久，徐達展開猛烈的攻勢，終於攻入城內。張士誠看自己已經插翅難逃，於是，放火燒死了自己的妻兒，關上門準備上吊自殺，結果被部將解救，並最終被徐達抓到，押送到南京。當天晚上，張士誠趁看管的人打盹時，上吊自殺，輝煌一時的張士誠從此成爲了歷史。

其實張士誠在城破之前本來是有希望突圍的，但在打得正起勁時，張士誠的弟弟張士信也不知道是哪根神經錯亂了，突然喊了句：「軍士如此辛苦，可以休息再戰！」鳴金收兵。張士誠和眾人都驚訝得大腦直接當機，說時遲那時快，常遇春抓住時機，一舉打敗張軍。怪不得人家說寧要虎一樣的對手，也不要豬一樣的隊友啊！

終於可以稱帝了

朱元璋在打敗了陳友諒、張士誠之後，領有湖南湖北、安徽江西、浙江江蘇等地盤，這些地方都是國內最富庶的。是時朱元璋兵多將廣，錢多糧多，是國內最大的一支革命勢力，雖然南方還有一些不聽調遣和他唱反調的軍閥，北方還有所謂正統的元朝，但顯然已經沒有什麼力量可以阻擋他統一全國的步伐了。

至正二十七年十月，朱元璋以徐達爲征虜大將軍，常遇春爲征虜副將軍，率二十五萬大軍出師北伐。北伐中朱元璋發佈告北方官民的文告，文告中提出「驅逐胡虜，恢復中華，立綱陳紀，救濟斯民」的綱領，以此感召北方人民起來反元。再加上當時北方元朝軍事力量已經大大削弱，所以，徐達、常遇春僅用三個多月，就平定了山東。

洪武元年，朱元璋於南京稱帝，國號大明，年號洪武。四月，明軍在洛陽的塔兒灣與元軍遭遇，常遇春率兵勇猛衝殺，大敗元軍，此役史稱塔兒灣大捷。這一仗，明軍佔領了河南和潼關，奪取了陝西的門檻，爲攻取元大都創造了極爲有利的形勢。

洪武元年七月，徐達、常遇春率馬步舟師由臨清沿運河北上，連下德州、通州。

元順帝一看，都快打到家門口了，趕緊帶著老婆、孩子跑了。那些大臣一看自己的老大要跑，趕緊跟在了後邊，皇帝去哪，大臣們就跟到哪。八月，徐達、常遇春一舉攻佔大都，改爲北平府，統治中國八十九年的元王朝從此宣告終結。

李善長建議朱元璋先拿下雲南梁王，再收服東北納哈出。如今百廢待興，征戰還是需要，但已不需要亂世中的打法，他認爲從長遠來看，當先取梁王。其一梁王處於雲南，雲南和蒙古本部地處遙遠，容易孤立；其二取下雲南，後方安定，更有利於對納哈出及北方蒙古殘部進行徹底打擊。朱元璋笑道：「哎！咱也是這麼想的！」

洪武五年的五月到十月的這五個月，是讓元軍頭疼欲裂的惡夢期。傅友德帶領數萬大軍從甘肅打到蒙古，所向披靡，創下了七戰七勝的戰場神話，把元軍折騰得又怕又恨。最後，元軍一見到老傅的人馬就沒命地往回跑，沒仗可打的老傅在極度鬱悶之下終於班師回朝。

Q 忠心耿耿的雲南王

雲南梁王名叫把匝剌瓦爾密，是元世祖忽必烈第五子、雲南王忽哥赤的後裔，對元廷那是相當的忠心。被封爲梁王後，一直鎮守雲南。一三六三年，明玉珍及其弟明二率兵三萬攻打雲南，大理總管段功出兵援助梁王，和明玉珍大戰於呂閣關，保住雲南不失。後來段功夜襲古田寺，在七星關擊潰明玉珍的兵馬，奪回昆明。

戰後，梁王升段功爲雲南省平章政事，並將女兒阿蓋公主嫁給段功。但在一三六五年時，梁王又懷疑段功有併吞雲南全境的野心，因而要女兒阿蓋公主將段功毒殺，阿蓋公主不忍反將一切告知段功。但段功仍被梁王派人刺殺，而阿蓋公主也殉情自殺。後人在西寺塔旁建祠紀念阿蓋公主與段功，稱爲阿姑祠。

元順帝退出元大都北逃後，這位梁王仍堅守雲南，而且每年派使者按臣子的禮儀去漠北覲見北元皇帝，壓根兒不承認朱元璋這個皇帝。他還一直使用北元皇帝的年號：元惠宗的年號至正（一三四〇年至一三七〇年），元昭宗的年號宣光（一三七一年至一三七九年），元益宗的年號天元（一三七九年至一三八八年）。這人，夠頑固，但也夠忠心！

要想與人打架，得找個說得過去的理由，打仗亦如是。爲表現自己的寬厚仁慈，老朱決定採用迂迴戰術。結果他派去招降的使者都被梁王給殺了。於是，老朱怒了：「好你個龜孫，太不識好歹了！那就別怪我不客氣了！弟兄們，打！」梁王也很有王爺的架勢：「打就打，怕你是小狗！」於是，兩軍順利開火！

朱元璋是個老人精，知人善任。他任沐英爲征南右副將軍，和傅友德、藍玉三

將兵分兩路直取雲南。臨行前，是領導談話：「如今梁王實力大不如前，這次不僅要打勝仗，更要收攏雲南各族的民心，做好後期的安定工作。你們都是跟隨我多年的老將了，我很放心，去吧！」三人瞬間被戳到淚腺，含淚點頭。這思想工作做的，真高明！

朱元璋兵分兩路進入雲南，梁王出兵十萬相抗。沐英獻計：「元兵肯定想著我們大老遠過來，走得慢，我們加快步伐，必能出其不意，大敗他們。」大家點頭同意。果然，當沐英率軍趕到時，元兵直接愣在當場。沐英親率鐵騎橫衝而入，直刺達里麻，那廝嚇得直接從馬上掉了下來。

梁王冤殺了曾經打敗明玉珍的大理總管段功，從那之後便和大理段氏勢同水火。當沐英率兵而來時，段氏不僅不幫忙，還在邊上樂得拍手叫好。不過三個多月，朱家軍就一路高奏凱歌打到梁王的家門前。梁王自知氣數已盡，就把妻兒殺掉，然後自殺了，而他的大臣左丞達德、右丞綠爾等人也拔刀一揮，隨梁王而去。

Q 神奇聚寶盆

元末周莊有個叫沈萬三的人，不知道從哪裏得到個「聚寶盆」，放進去什麼就出什麼，放進去銀子自然也就出銀子。他常在自己豪華的家裏宴請達官貴人，除了山珍海味和醇酒美人外，還擁有三班女樂，演奏的大都是沈萬三與他朋友們最愛聽的昆曲音樂。

沈萬三幫朱元璋修築了三分之一的南京城後，請求出資犒勞軍隊。朱元璋惱火了：「平民也敢犒勞天子的軍隊，絕對的亂民，該殺！」馬皇后說：「我聽說法律是用來誅殺不法之徒的，不是用來誅殺不祥之人的。老百姓富可敵國，是他自己不祥。不祥之民，蒼天必然會降災禍給他，你又何必再殺他。」於是朱元璋沒殺他，但把他流放到雲南去了。

沈萬三被充軍時，身邊帶著金、銀、銅、鐵、錫五個兒子。人們遠遠看去，總覺得他們身邊金光閃閃。於是有人奏報說沈萬三去雲南時，把江南的財氣也帶走了。老朱連忙下了一道聖旨，要將沈萬三的五個兒子就地賜死。小兒子阿錫接到聖旨後跳崖自殺，很快化成錫礦。其他四個兄弟的鮮血流進雲南的土地，都化爲銅礦。

朱元璋要殺掉周莊所有的人，有一個名叫徐民望的書生挺身而出，勇敢地來到南京告御狀。看到徐民望捨生忘死，敢於直言，朱元璋不僅沒殺他，還親自寫了「爾是好百姓」五個大字，客客氣氣地將他送回了周莊。得到赦免的老百姓們敲鑼打鼓，歡天喜地，把徐民望高高地抬起來在街上遊行。

Q 飛鳥盡，良弓藏

朱元璋殺人，那叫一個猛！他對曾經讓他沒飯吃、沒衣穿、沒家住的元朝政府，放話了：「統統的滅掉！」為此，他培養出來的眾弟兄們都是打起仗來不要命的狠手。已經殺人殺上癮的朱元璋在建明後很是無聊，琢磨著這刀不能鏽了，得繼續殺人！殺誰呢？元兵鬼子殺完了，不如就拿身邊的兄弟們練練手吧！於是朱元璋開始了他的新一波殺人計畫。

朱元璋有次問劉伯溫：「我準備增設一個丞相，讓你來做，你看怎麼樣？」劉伯溫知道這是在試探自己，死活不肯。朱元璋就說：「那你看楊憲、汪廣洋、胡惟庸哪個合適些？」劉伯溫想了想，說：「楊憲不會搞人際關係，汪廣洋沒有領導才能，胡惟庸這人沒度量。他們都不適合。」老朱心中不滿道：「叫你當又不肯，別人當又都不適合，就你難伺候！」

胡惟庸當上丞相後第一個「懲治」的就是劉伯溫，背後說人壞話是不對的。於是，他端了杯毒酒找劉伯溫去了：「聽說您老最近總生病，皇上就讓我給你端了杯藥酒增強一下抵抗力。」劉伯溫問道：「恐怕是你給我準備的吧？」老胡奸笑道：「都一樣。」劉伯溫知道那是毒酒，也明白飛鳥盡，良弓藏之理，仰頭把酒喝了，哭著說：「老朱，永別了！」

民間有一個火燒慶功樓的傳說。據說朱元璋做皇帝後，建造了一座慶功樓準備除掉那些功臣。他擺下宴席邀諸位文武功臣們前來赴宴慶功，暗地裏卻派人在樓下埋好火藥和乾柴，只有劉伯溫看穿內幕。當他看到朱元璋下樓時，趕緊跟著出去了。結果，剛一下樓，慶功樓便籠罩在滾滾烈焰中。可憐赴宴功臣，全部葬身火海。

株連甚廣的胡惟庸案

胡惟庸雖是政府的最高行政長官，但他嫌不過癮，策劃著幹掉朱元璋，自己當皇帝。他對朱元璋說自己家後院的井裏突然湧出了醴泉，請朱元璋去欣賞，而自己早在院子裏埋伏好了殺手。事情敗露後，朱元璋斬了胡惟庸，還株連甚廣，大大小小算下來，竟然有三萬多人遭殃，這就是明初四大案之一——胡惟庸案。

雲奇是西華門的一個小太監，當他發現胡惟庸要謀反時，就在朱元璋到達西華門時攔住他的馬車，但當時他因爲太緊張了，一句話也說不出來。驚擾聖駕，該打！臨死前，雲奇拚命指著胡惟庸的家。朱元璋納悶之餘站在高處一看，好多殺手，趕緊打

道回府。可憐的雲奇，死後被追贈某監左少監。

朱元璋反思了很久，感覺還是大權握在自己手中更踏實些，於是就廢除了宰相制度，建立內閣。朱元璋的這一舉動，可是「前無古人，後無來者」！宰相制度從此不復存在了，就算後來清軍入關也沒有再複立。據說朱元璋每天要看兩百多份奏章，處理四百多件政事，累歸累，但這使他成為了歷史上最有權勢的皇帝之一。

Q 難逃一死的老兄弟

徐達作爲「開國第一武將」擔任了明朝的最高軍事統帥，但他從不傲慢自負，很尊重朱元璋這位「大哥」，從不越禮。根據朝廷的禮儀制度，身爲丞相的徐達在外出之時，爲了顯示威儀，應當有相應規模的儀衛。可是他外出時經常坐一般的馬車，生活十分節儉，從不爲了炫耀自己顯達尊貴的地位而鋪張揮霍。

朱元璋曾打算將自己做吳王時居住過的王府賜予徐達，可徐達毅然辭謝，沒有接受。一日，朱元璋將他帶到昔日的吳王府，並設計把他灌醉，之後把他抬到床上，蓋好被褥，打算用這種方式迫使他接納封賞。酒醒後的徐達嚇得不知所措，連忙下床跪在地上向朱元璋請罪。朱元璋見他這樣謙卑恭順，內心十分歡喜，便不再強迫他了。

朱元璋與徐達一起下棋，兩人從早上下到中午，一盤棋還沒分出輸贏。正在此時，朱元璋接連吃掉徐達兩個子，但徐達卻不落子了，跪地行禮道：「請皇上再仔細御覽全局。」老朱定睛細看，才發現棋盤上的棋子已被徐達排成了「萬歲」字樣。朱元璋十分歡欣，便將下棋時所在的樓和莫愁湖花園都賜予徐達，這座樓便是此後的勝棋樓。

據傳洪武十八年，徐達生日那天，朱元璋跑去找他喝酒。徐達說：「前幾天臣背上長了一個瘡，太醫不讓喝酒，連臣最愛的蒸鵝都不讓吃了。」朱元璋回宮後就讓太監給徐達送去了兩壺酒和一隻蒸鵝。徐達的心登時拔涼拔涼的，哭道：「終於到我了麼？」說著撕下蒸鵝的一條腿就著酒吃了起來，不久，背瘡崩裂而亡，終年五十四歲。

官場不倒翁

洪武十八年，有人報告朱元璋，說李善長的弟弟李存義曾經和胡惟庸勾結造反。朱元璋就把他逮來問話，哪知這人經不住打，沒挨幾下就全招了。朱元璋問他李善長知道不，他說李善長就說了句：「我老了，等我死後，就隨便你們折騰吧，反正我也

看不到了。」朱元璋知道殺李善長的時機還未到，就把他攆回杭州養老去了。

人老就容易犯糊塗。李善長以爲朱元璋還是那個尊稱他爲「先生」的「學生」，回到杭州後，七十七歲高齡的他還老是瞎折騰。他給信國公湯和寫信說：「小和呀，哥我最近想把院子擴大點，工匠不夠，把你手下的兵蛋子借給哥三百個吧！」湯和一看就怒了：「憑啥呀！沒有！」因怕朱元璋懷疑，他還寫信打了李善長的小報告。

明朝洪武年間，做官可是高危行業，湯和之所以能成爲明初政壇少有的「不倒翁」，自然有一定的道理。他不爭功，能以平常心對待不公的待遇。打下江山大封功臣時，朱元璋故意降他一等，找個岔子只封他爲侯，其他同等條件的人都封爲公。對此，湯和很謹慎，不發牢騷，並向皇上作出誠懇而深刻的自我檢討，才被寬恕，幾年後進封爲信國公。

湯和作爲朱元璋皇帝生涯的引路人，雖功不可沒，但他也明白，自古與君王是共患難易，同富貴難。特別是胡惟庸一案，讓湯和前胸冷到後背。於是，他主動辭官而去，回家養老。朱元璋當然高興，立馬撥款爲湯和在鳳陽老家造房，讓他衣錦還鄉。在朱元璋看來，還是湯和小子拎得清。如果滿朝功臣，都如湯和一般，還用得著自己痛下殺手嗎？

湯和回家後很低調，從不以功臣自居，並且教導子孫家奴，遵守法紀，不授人以柄。他知道，朱元璋的耳目一刻也沒有放鬆過對自己的監視，他的一舉一動都會被報到朱元璋那裏，因而他整天吃酒下棋，遊山玩水，含飴弄孫，從不結交地方官和鄉紳，給人一種只貪圖享受，別的事一概不管不問的印象，讓朱元璋非常放心。

洪武十九年，朱元璋請湯和出山謀劃沿海抗倭方略。這時已經六十多歲的他強撐著答應了。但他要求與方國珍之子方鳴謙同行。此後湯和在沿海築城五十九座，使「倭寇多年不敢輕犯」。湯和在此爲官期間，留下了很好的名聲。但是，事情一完，他立馬回家，決不戀棧。

洪武二十三年正月初一，湯和上朝給朱元璋拜年，突得急症，不能說話，口水不停地從嘴中流出。後來湯和去世，死後追封爲東甌王，謚襄武，可說是備極哀榮。朱元璋是鐵了心要殺盡功臣的，湯和能倖免，是因爲他的低調。由此看來，在學校時老師教導的道理還是很實用的：做人要低調！

貪污酷刑大法

童年的悲苦生活給朱元璋留下了很大的心理陰影，所以他最恨貪官。朱元璋親自編撰的《大誥》裏規定：凡是貪贓六十兩銀子以上的，都要被處以剝皮實草的刑罰。

每個地方的土地廟便是執行刑罰的地方，所以人們稱爲「剝皮廟」或「皮場廟」。按照規定，新官吏上任的第二天要去皮場廟實地觀看，並在裏面休息一晚，以接受警示。

明初最早的剝皮是死後才剝，後來發展成活剝。此外，還有墨面文身、挑筋、挑膝蓋、剁指、抽腸、割鼻子、閹割、凌遲、族誅等三十餘種殘酷的刑罰。到了後期，朱元璋發現貪官日益增多，便直接下詔：「凡是貪污者，不管貪污多少、情節輕重，統統處死。」

另外還有一種刑法，不知道可信度多少，就是把人埋在土裏，只露出一顆腦袋，在其頭頂用刀割個十字，把頭皮拉開以後，向裏面灌水銀。由於水銀比重很重，會把肌肉跟皮膚拉扯開來，埋在土裏的人會痛得不停扭動，又無法掙脫，最後身體會從頭頂的那個口「光溜溜」地跳出來，只剩下一張皮留在土裏。

Q 空印案

戶部是明朝的最高財政機關，在每年審核各地例行財政報表時，都要求嚴格，精確到了小數點以後的多位數字，稍有不合，便要立即作廢重報。在沒有電子郵件和特快專遞、交通不便的古代，最遠的省份來回一趟需要幾個月時間，財務人員爲了少跑冤枉路，就在進京時，攜帶了蓋好本地公章的空白報表，以便出差錯時就地重填。

按理說，用這種報表是造不出有價證券來的，因此，此種做法被普遍應用，爲各方所默認接受。哪知，朱元璋知道此事後，就認定官員相互勾結、舞弊欺詐。於是，這位缺少財務知識的皇帝立即發雷霆之怒，下令將全國各地、各級政府部門的正印官，即一把手，全部處死，副手以下官員打一百棍，充軍邊疆，史稱「空印案」。

郭桓案

洪武十八年，御史余敏、丁廷舉告發戶部侍郎郭桓利用職權，勾結官吏，貪污賦稅，朱元璋下令查辦。經統計損失的精糧有兩千四百萬擔，朱元璋氣得直哆嗦，下令嚴懲此案，處死郭桓等高級官員數百名，受株連而死的人有好幾萬，史稱「郭桓案」。朱元璋感歎地說：「古往今來，貪贓枉法大有人在，但搞得這麼過分的，也就郭桓了！」

「郭桓案」幾乎掃蕩了整個政壇，席捲了整個大明朝，全國小康生活以上的家庭大多因此破產，眼睜睜地看著自己的生活水準一夜顛覆。朱元璋見下手太狠，怕激起

民憤，就處死了審查郭桓案的官員吳庸等人，並稱折算贓糧實有兩千石百多萬石。吳庸臨死前大喊冤屈：「朱元璋，你這廝就會過河拆橋！」

Q 特務錦衣衛

洪武二十六年，朱元璋牢牢掌握了朝廷的軍政大權，為了彰顯君威，震懾世人，他特地下手詔，頒佈了《逆臣錄》，這一年朱元璋六十六歲。胡惟庸案和藍玉案被後世合稱為「胡藍之獄」。經過這兩宗案件，開國功臣們被殺得差不多了。

藍玉死後，洪武二十七年十一月，朱元璋又找藉口殺了宋國公馮勝，二十八年二月，殺了穎國公傅友德。這樣，在明初開國功臣中，身為公侯而得以倖存的人僅有長興侯耿炳文、武定侯郭英二人。

洪武十五年，朱元璋設立錦衣衛組織，與後來的東廠、西廠一起構成了中國歷史上著名的明朝特務統治機構。這個組織相當的強勢，直接聽命於皇帝，任何人都可以逮捕，皇帝要逮人，會讓錦衣衛去抓並且審訊。上至藩王宰相，下至平民百姓，都處於錦衣衛的監視之下，稍有拂逆，便家毀人亡。

提起特務，很多人都會想到從事秘密工作、刺探軍事情報的神秘人物，其實，在明朝時期，特務是個公開的人物，部分功能形同於現代的憲兵、國家安全局及總統府參軍長。其也有參與收集軍情、策反敵將的工作，類似於今天的CIA，但一般由皇帝的親信武將擔任，很少由太監擔任。

然而，錦衣衛負責監視的也不見得都是大事，像張三早上吃飯被噎到，李四中午喝茶被嗆到了，王五走路被石頭絆了一跤，趙麻子家的母豬又生了一窩等芝麻小事都要報告，弄得眾人人心惶惶，連晚上睡覺都不敢脫衣服！

有一次，宋濂上朝，朱元璋問宋濂昨天在家喝酒沒有，請了哪些客人，宋濂一一照實回答。朱元璋聽後滿意地說：「果未騙朕。」錢宰一日散朝回家，隨口吟詩道：「四鼓冬冬起著衣，午門朝見尚嫌遲。何日得遂田園樂，睡到人間飯熟時。」結果第二天上朝，朱元璋便對錢宰說：「昨天的詩不錯，不過朕沒有『嫌』遲，改作『憂』字，如何？」錢宰一聽，嚇得忙磕頭請罪。

好生著實打著問

錦衣衛還設立監獄，即錦衣獄或詔獄，特務機構的監獄與司法機構的監獄比起來，當時的官員與百姓都把司法機構的監獄視爲天堂，而把錦衣衛的監獄看成地獄，

可見其殘酷。

據不完全統計，當時錦衣衛共有十八套經常使用的刑具，如夾棍、腦箍、攔馬棍、釘指等。錦衣衛在施行杖刑時很有講究，若是行刑官僅說「打著問」，是讓執行者不要打得過重；若說「好生打著問」，是讓執行者打重一些；若說「好生著實打著問」，是讓執行者不管犯人死活重重地打。

洪武二十年，由於朱元璋看到了錦衣衛的弊端，燒毀了錦衣衛的刑具，以示廢除錦衣衛的決心。洪武二十六年，朱元璋正式廢除錦衣衛。靖難成功後，明成祖朱棣重新啓用了錦衣衛，並把錦衣衛的特務性質進一步加強了。

綜合各種蛛絲馬跡來看，擁有錦衣衛指揮使名分的第一人是毛驤，他打造了胡惟庸死後的牽連大案，最後把自己也牽連進去陪葬了。第二任是蔣瓛，歷史上藍玉謀反的罪證正是他通告的朱元璋，當然，在藍玉案了結後，其被老朱一杯毒酒給搞定了。

洪武二十七年，朱元璋辦了一個文武群臣宴，宴會上他說對傅友德的二兒子很不滿意，老傅趕緊認錯，朱元璋甩給老傅一把劍，讓他去教育一下二兒子。不一會兒，老傅就拎著心愛的兒子的首級回來了。朱元璋問道：「你還真忍心？」老傅眼一瞪：「這不正是你希望的嗎？」說完當場自刎而死。朱元璋惱羞成怒，下令誅了傅友德的九族。

雞蛋裏挑骨頭的文字獄

文字，是個很奇妙的東西，它可以把你捧上天，也可以將你帶入地獄。學識淵博的朱元璋在明初跟知識份子玩起了文字「遊戲」——文字獄。他故意從作者的詩文中挑刺兒，羅織成罪，嚴重者會因此引來殺身之禍，甚至讓家人和親戚受到牽連，遭滿門抄斬乃至株連九族的也有不少。

朱元璋出身寒微，當過和尚，參加過元末起義，十分討厭「賊」「寇」「禿」「僧」等字眼。有一次，杭州府學教授徐一夔在書上用「光天之下」「天生聖人」「爲世作則」等語讚美朱元璋。朱元璋卻牽強附會，硬認爲「光」是指光頭，「生」就是「僧」，「則」與賊近音，就下令把徐一夔殺了。

祥符縣學教諭賈翥爲本縣作「正旦賀表」中有「取法象魏」，「取法」被朱元璋讀作「去髮」；德安府訓導吳憲在爲本府作「賀立太孫表」中有「天下有道，望羽青門」兩句，「有道」被看作「有盜」，「青門」被疑指和尚廟，於是朱元璋下令一律將他們處死。

蘇州知府魏觀把知府衙門建在原張士誠的宮殿遺址上，被人告發，後又有人發現

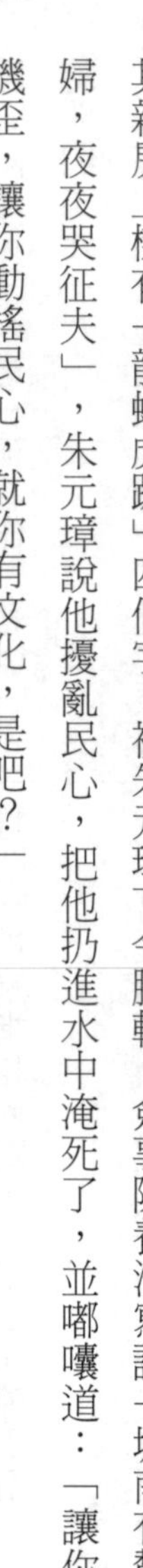

其新房上樑有「龍蟠虎踞」四個字，被朱元璋下令腰斬。僉事陳養浩寫詩「城南有嫠婦，夜夜哭征夫」，朱元璋說他擾亂民心，把他扔進水中淹死了，並嘟囔道：「讓你嘰歪，讓你動搖民心，就你有文化，是吧？」

印度高僧釋來復告辭回國，行前寫了一首謝恩詩，詩中有兩句：「殊域及自慚，無德頌陶唐。」意思很明顯，他生在異國（殊域），自慚不生在中國，覺得自己沒有資格歌頌您這位大皇帝。但朱元璋的理解能力愣是驚天地泣鬼神，他說：「殊，明明是『歹朱』。無德，明明指我沒有品德。」於是釋來復從座上客變爲階下囚，處斬。

朱元璋用嚴酷的刑法，先後殺了十幾萬的文人學士及相關聯的親朋好友，被誅殺的主要是國公、列侯、大將、宰相、部院大臣、諸司官吏、州縣胥役、進士、監生、儒士、文人、學者、僧、道和一般地主。

文字獄讓明朝的所有子民都恨不得自己是個文盲，但這顯然也騙不過朱元璋。最終的結果是許多官吏文人擔心犯禁觸忌，只得不談政事，整日三緘其口，朝政因此日趨腐敗，全民知識水準與道德水準下降。朱元璋還首倡以八股文取士，使明代無數知識份子搖頭擺尾，死攻八股，至死不悟，范進中舉就是最鮮明的寫照。

洪武三十一年閏五月，七十一歲的朱元璋駕崩，葬於孝陵，諡號「開天行道肇紀立極大聖至神仁文義武俊德成功高皇帝」，廟號「太祖」。朱元璋清理政壇的手段比起劉邦是有過之而無不及，他的殘酷超過歷代開國之君，被人稱為「有史以來權力最大地位最高最專制最獨裁最強暴最缺少人性的大皇帝」。

到底該怎樣評價朱元璋的歷史功罪，是一個難題。他從天災人禍和饑寒交迫的鐘離村，一直到南京登基，和文臣武將所走的這條道路，不僅僅是為私人和某個階級的利益，就如同他的自述——我本淮右布衣，天下與我何加焉。坐上皇位的朱元璋也許犯過不少錯誤，但他統一中國的偉績和貢獻絕對是受千秋萬代敬仰的。

＊微歷史大事記＊

天曆元年（一三二八年），重八出生。

至正十二年（一三五二年），投奔郭子興，改名為朱元璋。

至正二十三年（一三六三年），鄱陽湖大戰，陳友諒死。

至正二十四年（一三六四年），友諒子陳理降，漢亡。元璋自立為吳王。

至正二十六年（一三六六年），迎小明王，途經瓜步江，將之沉入江中，宋亡。

至正二十七年（一三六七年），擒張士誠，吳亡。攻方國珍，方降。北伐中原。

洪武元年（一三六八年），在南京稱帝，國號大明，建元洪武，是為明太祖。

洪武十三年（一三八〇年），「胡獄」爆發，株連達十年之久。廢宰相制度。

洪武十五年（一三八二年），馬皇后死，再不立后。設立錦衣衛組織。

洪武十八年（一三八五年），「郭桓案」發，株連數萬人。

洪武二十五年（一三九二年），太子朱標死，立朱允炆為儲。

洪武十七年至二十九年（一三八四至一三九六年），大興文字獄。

洪武三十一年（一三九八年）閏五月，朱元璋駕崩，終年七十一歲。

第二章

叔奪侄權

小侄，那皇位是叔的

洪武二十五年的某一天，朱元璋正在批奏章，突然自己眼皮直跳，歎道：「難道最近要倒楣？看來得小心點。」沒多久，有人來報，太子朱標病逝。朱元璋只覺五雷轟頂，四肢好像變成了痲秸稈，已經撐不住他的體重，兩眼一黑，癱坐在椅子上。幸虧邊上的太監眼疾手快，趕緊掐他人中，這才緩過來。

朱元璋的四子朱棣，文武雙全，行事作風很像他，所以他想將老四立為太子。但在徵求大臣的意見時，內閣大學士劉三吾說：「若將四皇子立為太子，那將二皇子、三皇子立於何處？」朱元璋一想，也對，若再因此爭打起來，他這老骨頭可撐不住了。於是，只好立朱允炆，即朱標的活著的最年長的合法兒子，為儲君。

朱允炆，這個未經過考驗的男孩被立為皇嗣時不足十五歲，絕不能與他的祖父或他的叔輩相比肩，他被指定只不過是長子繼承制原則的體現而已。爺孫倆的性格是完全相反，朱允炆的性格與他的老爸朱標一樣，都太過仁慈，說白了就是弱書生一個。

朱元璋多妻多子，朱棣是他二十六個兒子中的第四子。朱元璋建立明朝時，朱棣已經是一個八九歲的少年了。那時國家仍很凋敝，滿目瘡痍，這一切都在朱棣的幼小心靈上留下了深深的印記。

朱棣雖貴為皇子，但幼年過得相當不好。至正二十年，朱棣出生於當時稱作應天府的南京。照理說這都第四個兒子了，怎麼著也得慶祝一下，但恰巧當時陳友諒進攻

太平，朱元璋沒來得及看這個兒子一眼，就去前線指揮打仗了，朱棣的名字是七歲的時候才取的。

朱棣的生母是誰是個謎，數百年來一直撲朔迷離。中國古代正妻生的兒子稱嫡子，非正妻生的兒子稱庶子。對帝王家來說，嫡子和庶子在名份上有重大差別。按照封建宗法制度，皇帝死了，皇位要由嫡長子繼承。即使嫡長子死得早，如果嫡長子有兒子，要由嫡長子的嫡長子來繼承，其他庶子連被提名的份都沒有。

朱棣自稱是馬皇后所生，自然就是所謂嫡子了。其實，經歷代學者考證，明成祖的生母不是馬皇后。成祖的生母問題，不只關係到他的身世，還深刻地影響到他一生的行爲。有野史記載碽妃就是朱棣的生母，並且在正史之中也能找到應對此項推測的證據。

Q 家有「虎父」

皇子們要沒完沒了地參加各種朝見和祭儀，而且過程中要態度嚴肅，除此之外，還要跟隨幾個大儒一天到晚誦讀儒家經典。他們只有在偶爾到郊外走動時，才能目睹到一些民間生活情趣。每當皇帝老子要舉行大祭如郊祭、謁廟時，朱棣和他的兄弟們都要去助祭。第一次也許還覺得挺新鮮，但時間一久，枯燥乏味是可以想像的。

皇子的主要生活內容就是學習儒家經典。朱元璋年輕時沒機會上學，後來只是在馬背上學了點文化，當他親自撰寫詔敕或祭文時，語句都是似通非通的。他爲徐達墓撰寫的碑文，誰也斷不開句。朱元璋一生都爲自己文化水準低而遺憾，因此，他十分重視對孩子們的教育。

朱元璋稱帝的第一年，就在宮中修建了大本堂，作爲太子和諸弟學習的場所。堂中藏有大量歷代圖籍，供孩子們觀覽。朱元璋還徵聘各地高級知識份子做自己孩子的家教，輪班授課，其中也有宋濂。宋濂前後十幾年，向皇子們講四書五經，講封建禮法，講人的一舉一動都要合封建禮儀，朱棣自然也是被「禍害」的一個。

朱元璋對家教們提出了自己的教育方針：「我的孩子們將來是要治理國家的，各功臣子弟也要做官辦事。教育他們的方法，最要緊的是正心。心一正，萬事都能辦好；心不正，各種邪欲都來了，這是最要不得的。要教他們切實的學問，用不著像一般文士那樣，只是會背誦辭章，沒一點好處。」

在皇子們的老師中，有一個叫李希顏的，原是個隱士，因名氣高，朱元璋寫了親筆信把他徵召入京，讓他當皇子們的老師。李希顏處罰學生時喜歡用戒尺，皇子也不例外。有一次，一個皇子不聽話，被他一戒尺打在腦袋上，立馬就腫起個紅包。史書沒記載挨打的是不是朱棣，但他肯定是在這樣嚴肅的氣氛中進行學習的。

洪武元年十二月的一天，朱元璋退朝回宮，趁兒子們都在跟前，便指著宮中的一片空地說：「這裏並不是不能建亭台樓榭，我只是不忍心多費民財罷了。過去商紂王大造瓊宮瑤室，結果使天下人都怨恨他。漢文帝曾想建露台，因憐惜一百兩銀子的費用，就沒有建，所以當時國泰民安。你們以後要經常心存警戒啊！」

朱棣從他老爸那裏接受的完全是封建正統教育。對此，朱元璋曾有一段明確的自白：「朕於諸子常切諭之：一、舉動戒其輕；二、言笑厭其妄；三、飲食教之節；四、服用教之儉。」可以看出，朱棣他們不只要啃書本，平時的一言一行也要合乎封建規範。這對一個天真爛漫的少年來說，簡直是對身體心靈的雙重折磨。

朱元璋不希望他的兒子們成爲文弱書生，就讓他們經常做些強健筋骨的活動。他看兒子們漸漸長大了，就讓他們都穿著麻鞋，裹上纏腿，像士兵那樣到城外遠足，十分之七的路騎馬，十分之三的路要步行。這對長期住在深宮大院的皇子們來說，雖說勞累點，但還是饒有興味的。隨著年齡的增長，他們還要在演武場上練武，以健體強志。

洪武九年，朱元璋爲了讓兒子們體會民間疾苦，就把他們攆到自己的老家鳳陽，那可是「十年倒有九年荒」的窮鄉，老百姓的生活都很困苦。在這裏，朱棣彷彿看到，自己的父皇小時候是怎麼樣受苦受難，創業是多麼的艱難。在鳳陽住了三四年，民間生活對朱棣的思想意識產生了深刻的影響。

朱棣在鳳陽的這段生活可看作是宮廷教育的實習階段，對他以後的道路產生了深刻的影響。實習結束後，朱棣二十一歲，已長成一個英姿颯爽的青年，朱元璋命他率領護衛就藩北平。他當皇帝以後，還經常對兒子們說起自己的這段生活，認爲自己能南北征戰，不畏塞外風寒，得益於這段經歷。

朱棣在北平的住宅是元朝的皇宮，其規制如同天子。按照規定，藩王的府邸「亞天子一等」，其他藩王都是如此。爲了這件事，朱元璋特地哄他其他的兒子們：「你們不要和老四比，他那房子雖然是元朝皇宮，但已經很舊了，你們的可都是新房子哦！而且，北平可是相當的冷，你們有誰想和老四換換？」眾兒子們這才感覺自己占了便宜。

其實，朱元璋對燕王朱棣還是很偏心的。北平是元朝都城，位置險要，朱棣的二哥和三哥分別是在西安和太原，上任時間還比朱棣早兩年，都沒能去北平，可見朱元璋是故意要磨練朱棣的。而在選媳婦一事上，朱元璋給朱棣選了大明第一功臣徐達的長女，其他兒子們可沒這待遇。

朱元璋聽說徐達的長女聰明伶俐，被人稱爲女秀才，就把徐達找來說：「達，商

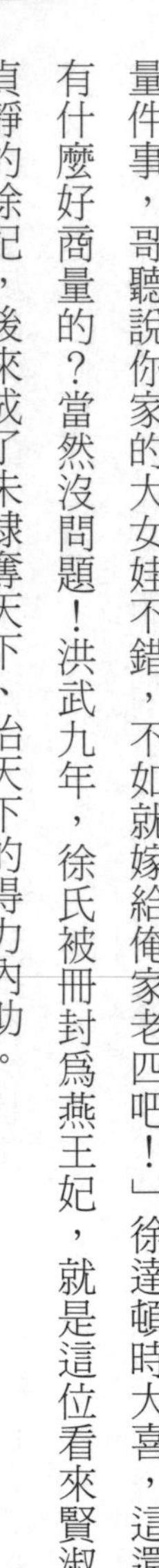

量件事，哥聽說你家的大女娃不錯，不如就嫁給俺家老四吧！」徐達頓時大喜，這還有什麼好商量的？當然沒問題！洪武九年，徐氏被冊封爲燕王妃，就是這位看來賢淑貞靜的徐妃，後來成了朱棣奪天下、治天下的得力內助。

徐皇后曾經著書，採集《女憲》、《女誡》作《內訓》二十篇，又類編古人的嘉言善行，作《勸善書》，頒行天下。她還經常勸帝愛惜百姓，廣求賢才，恩禮宗室，不要驕寵外戚。四十六歲那年，她因病去世，朱棣大爲悲痛，諡曰仁孝皇后，此後的十幾年再沒立過皇后。看不出，這殺人不眨眼的朱元璋父子倆還都是癡情人！

新皇上任三把火

洪武三十一年，明太祖朱元璋去世，皇太孫朱允炆繼承皇位，改年號爲建文，史稱建文帝。他對黃子澄、方孝孺、齊泰等文人大加重用，因爲老闆下屬全是書生，所以當時有人笑稱朝廷是「秀才朝廷」。

朱允炆下令全國行寬政，平反冤獄，朱元璋時期的一些冤假錯案也得到了糾正。無辜的官員得到了解救，被發配邊疆的冤大頭也可以回家了，據記載，建文時期監獄裏的罪犯比他爺爺在位時減少了三分之二，百姓們都對朱允炆感激不已。敢情老朱當時手段淩厲是爲了給他孫子建造好名聲啊！

新皇上任三把火，朱允炆那二十多個擁有軍權和特權的藩王叔父，是他統治過程中的最大威脅。而且有的藩王還依仗權勢強壓百姓，胡作非爲，完全是在壞他朱允炆的名聲。所以，他要削藩。再直白點就是，從那些比他年齡大、有掐架經驗的叔叔口中奪肉吃！

燕王朱棣的脾性是最像朱元璋的，若說朱元璋是匹老狼的話，那朱棣就是匹小狼，而朱允炆是一隻小羊羔。朱允炆與手下那幫文將們開會討論削藩計畫，計策很快出來：柿子先揀軟的捏，朱棣太厲害，先從其他叔叔入手。於是，在朱棣在家磨刀準備宰「羊」的時候，朱允炆卻在樂呵呵地收其他藩王的權力。

朱棣一直都不喜歡朱允炆這種軟綿綿的性格，所以，當朱允炆對他說：「四叔啊，您年紀也不小了，不如把權交了，出去旅遊吧！」朱棣也不生氣，只輕輕地飄了句：「我哪兒老了！再說你啥時候聽說叔喜歡旅遊了？沒有的事！」朱允炆氣得死瞪著朱棣，非要將他的心肝肺腑用X光掃描一遍不可！朱棣無所謂，愛掃掃去，反正老子就不交！

僧人道衍是朱棣的謀士，他對朱棣說：「我一見殿下，便知當爲天子。」相士袁珙更狠，直接對朱棣說：「殿下已年近四十了，一過四十，長鬚過臍，必爲天子。我

要是算的不準，你就把我的眼睛剜了。」在這些人的慫恿下，朱棣的野心如春上青草一般，嗖嗖地長了出來，從此積極操練兵馬，磨刀霍霍向侄子。

是時朱棣的三個兒子還在南京，文人有文人的方法，你不交兵權，我就不還你兒子，這讓朱棣很是鬱悶。爲了救出兒子，朱棣決定豁出老臉了。他在家又是裝病，又是裝瘋，還派人對朱允炆說他快死了，讓兒子回去準備後事。至於你信不信，反正朱允炆是信了，把人放了回去。

朱允炆曾派張昺和謝貴兩人去看過朱棣，檢查他是不是真瘋。此時正是熱得人都能噴火的六月，當兩人推開燕王府門的時候，卻看到朱棣披著大棉被坐在大火爐子前伸著手烤火，就在兩人目瞪口呆時，朱棣又說了一句：「凍死我了！」張昺和謝貴馬上就達成了共識：這人不是神經病是啥！問世間權爲何物，直教人裝瘋賣傻啊！

徐達之子徐輝祖是朱棣三子的親舅舅，他聽說朱允炆要放人時，對朱允炆說：「我的三個外甥中，只有高煦最爲勇悍無賴，禍害一個，千萬不能放啊！」朱允炆兩手一拍，晚了。原來，朱高煦就怕朱允炆後悔，臨行時偷了徐輝祖的一匹名馬，跑得最快，一路上還順便殺了不少驛站的官員。朱允炆扶額歎息：「果然是禍害！」

朱棣長子朱高熾，生性端重沉靜，言行識度，喜好讀書，由於儒雅與仁愛深得朱元璋的喜愛。不過由於朱高熾體態肥胖，總要兩個內侍攙扶才能行動，走路總是跌跌撞撞，所以喜靜厭動。這樣的體積若是還喜歡動的話，那可要折騰死邊上伺候的人了。對於一生嗜武的朱棣來講，自然不喜歡這個胖兒子。

一天，朱元璋問朱棣：「老四，你準備立哪個兒子爲世子，做你的繼承人呀？」朱棣答：「我家老二，那孩子像我！」朱元璋一拍大腿，笑道：「朕也認爲你家老大最合適，看咱爺倆想到一塊了。好，朕現在宣佈，立你家老大朱高熾爲世子！」朱棣一口氣沒上來，登時被氣得半死。

朱元璋在他的《祖訓錄》中曾定下了一系列條令規章來管束諸藩王的行爲，其中有一條規定：在新皇登基以後的三年時間內藩王們不許來朝廷，只能留守藩封。可是，如果有「奸臣」在朝廷當道，諸王得準備兵力，聽候新皇帝召他們來「撥亂反正」，而在完成了任務以後，他們仍應返回封地。

靖難之役

建文元年，朱棣以清君側爲理由起兵反抗由侄子朱允炆領導的明朝中央政府，命朱高熾留守北京。朱棣指齊泰、黃子澄爲奸臣，須加誅討，並稱自己的舉動爲「靖難」，即消除禍亂之意。因此，歷史上稱這場朱明皇室內部的爭奪戰爭爲「靖難之

役」。朱允炆悔得腸子都青了，當時就該直接強奪了朱棣的兵權！

朱允炆看打不過朱棣，就想著議和。他寫信對朱棣說：「四叔，你看這樣，咱倆把全國割地分為南北朝，都當皇帝好嗎？」朱棣冷笑道：「好嗎？當然不好！早前別與你叔我爭皇位不就沒事了嗎？現在知道害怕了？晚了！叔我要好好教教你做人的道理。」朱棣繼續向南京前進，向侄子朱允炆的皇宮前進。

朱允炆在當皇太孫時，朱元璋曾出聯「風吹馬尾千條線」，要他和朱棣對下聯。朱允炆對曰：「雨打羊毛一片膻。」朱棣則對曰：「日照龍鱗萬點金。」從中我們可以看出朱允炆的懦弱、平庸和朱棣的野心勃勃。朱允炆雖想了一些方法來鞏固自己的皇帝寶座，但畢竟人算不如天算，江山終究被朱棣所得，而這副對聯也成為二人命運的讖語。

Q 造反稱帝

朱棣進京後，宮中起火，朱允炆下落不明，成為歷史上的一個謎，至今沒有解開。有人說朱棣派鄭和下西洋的目的之一就是尋找朱允炆。歷時四年的「靖難之役」以朱棣的完全勝利而告終。朱棣在一群文臣武將的簇擁下風光無限地登上了夢寐以求的皇帝寶座，是爲明成祖，年號「永樂」，開始了治國生涯。

朱棣不承認朱允炆的建文年號，將建文元、二、三、四年改爲洪武三十二至三十五年，次年改爲永樂元年。凡建文年間貶斥的官員，一律恢復職務；建文年間制定的各項法律規定，凡與太祖相悖的，一律廢除。一些有利於民生的規定也被廢除，如建文二年下令減輕洪武年間浙西一帶極重的田賦，至此又變重。

朱棣畢竟是造反稱帝的，心虛，即位後，一方面，朱允炆未死的流言不時出現，另一方面，朝廷中的很多大臣對新政權並不十分支持，而朱棣亦對朝廷大臣多不信任。於是他就恢復了他老爸當年廢除的錦衣衛，重新培養特務人員。

朱棣造反的時候，曾得到過朱允炆身邊宦官的幫助，正所謂吃水不忘挖井人，朱棣即位後改變了他老爸禁止宦官干政的規定，開始重用宦官。此後雖然出現了像鄭和等著名的優秀宦官，下西洋宣揚國威，但也有不少鑽空子謀私利的，這爲日後埋下了宦官禍國的種子。

史上第一個被誅十族的人

朱棣奪權後，仍有不少麻煩。方孝孺的書法很是了得，朱棣就說了：「小方子，

聽說你書法不錯，就幫我把即位詔書寫了吧！」哪知方孝孺只寫了四個字，「燕賊篡位」。朱棣氣憤：「你不怕被誅九族嗎？」方孝孺義正言辭地斥責說：「即使誅我十族又怎樣？」朱棣怒不可遏，大肆搜捕方孝孺的親屬，包括他的門生和朋友（即第十族）。

方孝孺的妻子鄭氏和兩個兒子方中憲、方中愈上吊死了，兩個女兒投秦淮河而死。雖然方孝孺家人都逃脫了法律的制裁，但他的親戚朋友都遭了殃。朱棣每抓到一個，就帶到方孝孺的面前，讓他看著朋友們被千刀萬剮。朱棣殺了七天，共八百七十三人。方孝孺是中國歷史上第一個被誅十族的人。

Q 古代大百科——永樂大典

永樂元年，朱棣決定幹一件驚天地泣鬼神的事情來證明自己是當之無愧的天子驕子——他要編一部涵蓋古今，包容萬象的百科全書。這項光榮而艱巨的任務落在了當時文化界的職業高手解縉的肩上。解縉效率很高，在次年就完成了。可當解縉手捧初稿《文獻大成》來到朱棣面前時，得到的不是表揚，而是批評，理由是內容不豐富。

永樂三年，朱棣命姚廣孝、解縉等人重新編書，並力邀全國各地的精英知識份子加盟。在「天下文藝之英，濟濟乎咸集於京師」編纂的盛況下，眾人嘔心瀝血，不食不寐地瘋狂工作，《永樂大典》終於在一四〇八年圓滿完成。其內容包括經史子集、天文、地理、陰陽、醫術、占卜、釋藏、道經、戲劇、工藝、農藝，共一萬一千零九十五冊，兩萬兩千八百七十七卷，三千七百萬字。

《永樂大典》涵蓋了中華民族數千年來的知識財富，在當時可以說是「包括宇宙之廣大，統會古今之異同」。此刻的《永樂大典》不再是一部書，而是中華文明史上的一座金字塔。它是中國古代最大的百科全書，也是當時世界上最大的百科全書，比十八世紀中葉出版的《大英百科全書》和《法國百科全書》要早三百多年。

永樂元年，朱棣派人到奴兒干地區招撫，次年各部歸附，朝廷任命各首領爲指揮同知等職，其後數年，明朝以此爲基礎，逐漸在黑龍江、烏蘇里江流域成立了一百三十一個衛。永樂七年，在當地官員忽剌修奴的建議下，設立軍事統治機構——奴兒干都司以統轄各衛。

永樂五年，徐皇后去世，朱棣從此不再立后。永樂六年，朝鮮國王送給朱棣一批美女，朱棣選中權氏封其爲權妃。權妃國色天香，能歌善舞，尤其擅長吹簫，很受朱棣的寵愛。朱棣登基後第一次巡視北京的時候她就隨侍身旁，後來權妃病死軍中，朱棣就把她葬在山東。

朱棣決定遷都後，就派相關部門（禮部）及「江西派」風水大師廖均卿等人去北京尋找「吉壤」，也就是通常說的風水寶地，來建造陵墓。終於，其相中北京北面昌平縣的一塊寶地，建造了明十三陵。朱棣的長陵是十三陵中的首陵，這裏先後葬著明代的十三位皇帝，統稱明十三陵。

Q 鄭和下西洋

洪武十四年冬，明朝軍隊進攻雲南時，有個叫馬三寶的小男孩被擄入明營，之後稀裏糊塗的被閹割成太監分配到朱棣府中。在靖難之變中，馬三寶爲燕王朱棣立下汗馬功勞，而他的人生也由此改寫。永樂二年，朱棣認爲馬姓不能登三寶殿，就賜馬三寶新名：鄭和，任爲內官監太監，官至四品。這個名字註定要光耀史冊。

朱棣安排鄭和出海是有著深層次目的的，除了尋找建文帝外，鄭和還肩負著威服四海，胸懷遠人的使命，這大致也可以算是中國歷史上的老傳統，但凡強盛的朝代，必定會有這樣的一些舉動，如漢朝時候貫通東西的絲綢之路，唐朝時眾多發展中國家及不發達國家留學生來我國學習先進的科學文化技術。

永樂三年，鄭和第一次下西洋就出師不利，在到達第一站爪哇島上的麻喏八歇國時，恰巧該國在打內戰。鄭和的人上岸做生意，結果被西王誤認作東王的援軍，被咔嚓了一百七十人。事後西王才發現自己是誤殺，於是趕緊負荆請罪。鄭和身負朱棣的秘密使命，怕大開殺戒會影響後面的行程，就擺擺手算了。

明朝初期以婆羅為界，以東稱為東洋，以西稱為西洋，因此過去所稱南海、西南海之處，明朝稱為東洋、西洋，且暹羅灣之海，稱為漲海。之後，朱棣曾命鄭和先後六次下西洋，訪問了三十多個在西太平洋和印度洋的國家和地區，加深了中國同東南亞、東非的友好關係。

印尼的學者認為，鄭和艦隊是當時世界上最強大的海上特混艦隊。而鄭和七下西洋的二十八年中，真正意義上的對外戰爭僅有錫蘭一次，而且是在被迫無奈的情況下進行的防衛性作戰。這充分體現了鄭和是傳播和平的使者，他傳播的是「以和為貴」的中國傳統禮儀，以及「四海一家」、「天下為公」的中華文明。

鄭和下西洋的船隊是一支規模龐大的船隊，完全是按照海上航行和軍事組織進行編成的，在當時世界上堪稱一支實力雄厚的海上機動編隊。著名的國際學者、英國李約瑟博士在全面分析了這一時期的世界歷史之後說：「明代海軍在歷史上可能比任何亞洲國家都出色，甚至同時代的任何歐洲國家，以致所有歐洲國家聯合起來，可以說都無法與明代海軍匹敵。」

做皇帝相當累

由於在朱元璋時期就廢除了宰相制度，皇帝直接領導六部，大小事都要包辦，因此做皇帝相當的累。朱棣即位後，完善了文官制度，朝廷中逐漸形成了內閣制度的雛形。這個內閣制度後來還被西方國家效仿，一直延續到現在。但內閣品級不高，一般要經過翰林院庶起士鍛煉，所以在後來形成了「不是庶起士不能進內閣」的潛規則。

永樂十年，朱棣命令入朝覲見的地方官吏五百多人各自陳述當地的民情，說不出來或不屬實的都要受到處罰，之後又宣佈：地方官或中央派出的民情觀察員，如果看到民間疾苦而不實報的，要逮捕法辦；若民間發生了災情，地方上要及時賑濟，做到「水旱朝告夕振，無有壅塞」。

朱棣十分重視經營北方，遷都北京後，設行在六部，增設北京周圍衛所，逐漸建立起北方新的政治軍事中心。永樂七年，朱棣在女真地區，設立奴兒干都司，與此同時，爭取與蒙古族建立友好關係。韃靼、瓦剌各部先後接受明政府封號。

為了徹底解決蒙元貴族殘餘勢力構成的邊患，從永樂八年開始，朱棣親自率領明軍進行北伐。這次北伐中，明軍在飛雲山一役擊破五萬蒙古鐵騎，迫使蒙古本部的韃靼向明朝稱臣納貢。隨後明朝大軍進入到極北的擒狐山，在巨石上刻字爲碑「翰海爲鐔，天山爲鍔，一掃胡塵，永清沙漠」。朱棣先後進行了五次北征，鞏固了北部邊防。

東廠錦衣衛

永樂十八年，朱棣爲了鎮壓政治上的反對力量，設立東廠，命他寵信的宦官擔任首領。東廠不僅在機構及人員配置上更加精幹合理，而且在偵緝行動上制訂了相當嚴密的制度，如每月初一東廠都要集中佈置當月的偵緝工作，廠役在東廠內抽籤決定所負責的地盤。

起初，東廠只管抓人，錦衣衛負責審理，後來，東廠也有了自己的監獄。東廠監視政府官員、社會名流、學者等各種政治力量，並有權將監視結果直接向皇帝彙報。對於那些地位較低的政治反對派，東廠可以直接逮捕、審訊；對於擔任政府高級官員或者有皇室貴族身分的反對派，東廠在得到皇帝的授權後可以對其執行逮捕、審訊。

東廠大廳內擺設大幅岳飛畫像，提醒東廠緹騎辦案毋枉毋縱，同時堂前還有一座「百世流芳」的牌坊。可惜東廠在實際辦案中完全背離了這個初衷。東廠番子每天在

京城大街小巷裏面活動，並非完全爲朝廷辦事，更多的是爲自己謀私利。他們常常羅織罪名，誣賴良民，之後屈打成招，趁機敲詐勒索。

Q 馬上天子的永樂盛世

永樂十九年，朱棣在北京御奉天殿，朝百官，大祀南郊，遷都工作至此基本完成。自此，除一九二八年至一九四九年期間國民政府定都南京外，北京均爲中國的首都。北京城是中國兩千多年專制社會皇權思想的集中體現。與中國歷代皇宮一樣，它的總體規劃和建築形式完全服從並體現了古代宗法禮制的要求，突出了至高無上的帝王權威。

明朝的倭寇問題相當嚴重。明初時期，朱元璋的海防工作做得好，沒發生什麼大事，但現在遇上了好打架的朱棣，倭寇就必須挨頓好打了。永樂十七年六月的望海堝之戰，朱棣派出的劉江大將率一幫眾人將正在鬧事的倭寇猛揍了一頓之後，這幫傢伙才終於消停，好久都沒敢再在朱棣的地盤上犯事。

朱棣一生成就的功業是歷史上少有的大手筆。他積極經營，把明朝的影響力推向了歷史的高峰，一掃唐降以來中原政權的頹勢，南征北戰，威服四夷，盡現「馬上天子」的英姿。他發展經濟，提倡文教，使得天下大治，人民安居樂業，「路不拾遺夜不閉戶」，所以後世史學家稱其為「永樂盛世」。

永樂二十二年七月，六十五歲的朱棣在第五次北征返京途中病逝，張輔與楊榮為了避免朱高煦趁機作亂秘不發喪，把軍中的漆器融成一口大棺材，將朱棣的遺體裝入棺中，每日照例進餐、請安，軍中一切如常。同時，楊榮與太監海壽進京密報，朱高熾得知後立即派兒子朱瞻基出京迎喪，由於保密工作到位，朱高熾登基得還算順利。

在我國古代一流帝王中，明成祖朱棣做的大事和別的一流帝王相比只高不低，鄭和下西洋、下令編撰《永樂大典》、設立內閣制度、遷都等，只要稍有點歷史知識的人都知道明朝幾乎所有可以拿得出手的大事都是朱棣做的。康熙曾稱朱棣的時代為「遠邁漢唐」，能讓一位傑出的帝王如此稱讚前朝的帝王，說明朱棣這個皇帝做得相當合格。

＊微歷史大事記＊

至正二十年（一三六〇年），朱棣生於南京。

洪武十年（一三七七年），朱允炆生。

洪武三十一年（一三九八年），朱允炆即位，大赦天下，是為建文帝。

建文元年（一三九九年），朱允炆大肆削藩，朱棣揮師南下，史稱「靖難之役」。

建文四年（一四〇二年），朱棣攻入南京，朱允炆行蹤不明，「靖難之役」結束，朱棣即位，次年改元永樂，是為明成祖。

永樂二年（一四〇四年），朱棣立長朱高熾為太子。

永樂三年（一四〇五年），鄭和首次下西洋，先後共七次。

永樂六年（一四〇八年），《永樂大典》編修完成。

永樂十二年（一四一四年），朱棣親征瓦剌馬哈木。修《四書》、《五經》、《性理大全》。

永樂二十二年（一四二四年）七月，朱棣在第五次北征返京途中病逝，享年六十五歲。

第三章

仁宣之治

父子同心，其利斷金

朱元璋曾讓朱高熾與其他幾個孫子分頭去檢閱軍隊，當其他人完成任務回來都又喝了好幾壺茶的時候，朱高熾被幾個太監攙扶著晃回來了。朱元璋問他為什麼回來得這麼晚。朱高熾答道：「今天天氣有點冷，我讓士兵們先吃飯，暖過身子再檢閱，所以回來晚了。」朱元璋一聽，好小子，懂得攏軍心，不錯不錯！

朱元璋讓朱高熾過濾大臣們上呈的奏章，撿重要的講。結果朱高熾只講了有關軍民利害的事情，對於偶爾出現的錯別字直接忽略。朱元璋把奏章拿過來又看了一遍，然後說：「小胖，這麼多錯別字你都沒看到麼？」朱高熾淡定地答道：「皇帝首先應該考慮國家大事，跟幾個錯別字計較不是耽誤工夫嘛！」朱元璋一愣，這胖子果然不容小覷！

一日，朱元璋問朱高熾：「堯的時候有大水災，湯的時候有大旱災，百姓靠什麼生活呢？」朱高熾淡定地答道：「靠的是聖明天子體恤老百姓的好政策。」朱元璋對這個小胖子更是另眼相看，並在朱棣面前經常誇讚朱高熾仁慈寬厚、愛民如子的胸懷。

在朱高熾還是太子的時候，朱高煦等兄弟經常在老爸朱棣面前說他的壞話。一次，朱棣剛打完蒙古人回來，朱高煦就趕緊跑到老爸面前告狀：「大哥趁你不在家的時候老欺負我們這些弟弟，你給他的任務他也沒完成！」朱棣狠狠地把朱高熾批評了

一頓，並把他的高級顧問楊溥和黃淮關禁閉了。

永樂十二年，朱棣北征回宮，朱高熾接駕晚了一點，朱高煦就趁機點火，成功讓老爸朱棣大怒。朱棣將東宮官屬全部下獄，只留了一個曾經在靖難之役中立過大功的金忠。他讓金忠監視朱高熾的一舉一動，哪知金忠卻大講朱高熾的好話，並願以全家老少的性命為朱高熾的人品做擔保，朱棣這才作罷。

朱高熾為人很有度量，他的弟弟朱高煦沒少說他的壞話，但他從來都不計較。朱棣後來發現朱高煦這孩子越來越不成器，老打小報告，聽得人頭疼，便乾脆眼不見心不煩，把他攆到了樂安。朱高熾當上皇帝後，不僅沒公報私仇，還加了他的工資，把他的幾個兒子都封了爵位。不幸的是，朱高煦始終都不認錯。

世人都喜歡用腦滿腸肥來形容胖子的智商狀況，但朱高熾是個例外。永樂二十二年七月，在皇宮的朱高熾在接到老爸朱棣的死訊後，立刻與部下召開高級秘密會議，並下令加強京城的治安，同時派大太監王貴通去鎮守南京。八月，朱高熾登基，為明仁宗，次年改元「洪熙」。

朱高熾下令赦免那些因為靖難之役被罰為奴的官員家屬，並由國家發給他們一定量的土地作為補償。如果是被滅族的人，全國政府尤其是相關主管部門，一定要不惜任何代價仔細查訪，看有沒有僥倖逃過一劫的人。如果找到這些僥倖逃脫的人，要立即上報，好讓中央政府有機會給予賠償補助。

朱高熾很佩服方孝孺的氣節。儘管他被滅十族，按理說不會有什麼親戚朋友，但沒有什麼是不可能的。方孝孺有個叔叔叫方克家，方克家有個兒子叫方孝復，他被罰去守衛邊疆。朱高熾趕緊下令，把方孝復接回了家，好好安頓。

有天退朝後，朱高熾留下了楊士奇和蹇義，但他沒有與他們談論國事，而是回憶起了以前的時光。說著說著，三人都紅了眼圈，因爲他們想到了還在牢中的楊溥。不久，楊溥就迎來了他的第二人生。朱高熾不僅把他從牢中接了出來，還重新委以重任。楊溥感動得熱淚盈眶，並在心中發誓要爲大明朝鞠躬盡瘁，死而後已！

唐太宗有好多皇帝粉絲，朱高熾也算一個。他處處以唐太宗爲榜樣，修明綱紀，愛民如子，對於災區的人民給予無償幫助，連百姓的稅都少收了好多，使生產力得到了空前的發展。他的一系列愛民行動換來了全國人民的鼓掌和稱讚：「朱高熾萬歲！」明朝開始進入一個穩定、強盛的時期，即史稱「仁宣之治」的開端。

下朝後的朱高熾順便逛了逛吏部，看看最近官員的升遷幅度如何，哪知不看不知道，一看嚇一跳，這裏有好多吃白飯的人。朱高熾就感歎道：「我說最近怎麼老吃不飽，原來是這些人在跟我搶飯啊！」於是，他辭退了那些只拿工資不幹活的閒人，又任命楊榮、楊士奇、楊溥三人（**史稱三楊**）來輔政。

當時由於南方人聰明而且刻苦，進士之中多爲南方人，但北方人天性純樸，忠貞，是皇家不可或缺的支柱，爲了保證北方人可以考中進士，朱高熾規定了取中比例「南六十、北四十」，這一制度一直被沿用到清朝。

朱高熾從不計較大臣對他的冒犯，爲了讓臣子們能夠暢所欲言，他在京城思善門外建了個弘文館，整天與那些文人雅士談論經史。他曾經給楊士奇等人一枚小印，鼓勵他們進諫，因此洪熙朝政治非常清明，朝臣可以各抒己見，政壇上「清風」陣陣。

楊士奇幼年喪父，母親帶著他改嫁到一戶羅姓人家，改姓羅。一次羅家在祭祖，楊士奇知道繼父是不可能在桌上擺上他父親的神位的，於是自撮土鑄成一個神牌，然後跪拜。這一切都被繼父看在眼裏。第二天，繼父對楊士奇說：「你以後必成大器，以後不用跟我的羅姓了。」

永樂二年，朱棣選拔楊士奇爲輔助皇太子的官僚，此後，楊士奇和後來的皇帝朱高熾結下了難得的師友之緣。他輔助左春坊大學士承擔太子的文件往還及學習的有關事務，同時兼任翰林院侍講，承擔爲皇帝講讀經史的任務。朱棣由於對《周易》情有獨鍾，所以對楊士奇格外尊寵。

楊士奇爲人小心謹慎，不圖名利，也從不在背地裏討論官場是非。洪熙元年，朱高熾讓他兼禮部尙書一職，但他死活不接受，並說：「我的水也就這麼深，同時擔任少傅和大學士已經是我的極限了。」皇帝知道他是謙虛，就說道：「那黃淮和金幼孜沒你水深還擔三職呢！太過謙虛可就是虛僞了啊！」楊士奇無奈，只好就職。

山東、淮安等地因收成不好而交不起官糧，但當地的官員仍不顧民情徵收賦稅，朱高熾知道後，立刻讓部下草擬詔書免收當地一半的稅收，官府所有的採購活動一律停止。朱高熾還對官員們說：「救民如救火，一刻都耽誤不得。體恤百姓寧可過厚也不能吝嗇，這才是父母官的真正職責。朕作爲天下之主，又怎麼能與百姓斤斤計較呢？」

爲了更好地安撫百姓，朱高熾頒佈命令：「農業是農民的衣食之源，耕耘收穫都不能誤了時節。從現在開始，無論何時，都不能把差役放在務農之前，而要等到勞動力有閑餘時間再分配。以前就有過因放棄農耕而濫發徭役，導致農耕遭到妨礙，引起天下暴亂的例子，所以我們一定要吸取教訓！」

大理寺少卿弋謙在一次彙報工作時因情緒過於激動說話難聽了點，朱高熾惱羞成怒，揚起肥掌就要治他的罪，被楊士奇勸住。但那之後朱高熾還是一看到弋謙就來氣，楊士奇就說了：「是您說的要大家有啥說啥，您現在這是幹嗎？要小性子？那以後我們可就不管你了！」朱高熾一驚，那怎麼行！於是，他趕緊下了一道詔書，進行自我批評，這才重開直言不諱之風。

朱高熾身材不好，但也挺會養生，他喜歡吃棗，就下令從全國各地徵收八十萬斤棗。這下就又有人向他提建議了：「陛下，先不說這棗吃多了對牙齒不好，但就收成來說，今年可是不太好哇，您要不再減點兒？」朱高熾一聽收成不好，就減少了一半的徵收量。

朱高熾接到下邊人的舉報說舒仲成在前朝任職期間犯過罪，便命都察院將他拘捕準備懲罰。楊士奇勸道：「漢景帝當太子時曾召見衛綰，衛綰以有病為藉口避而不見。等到景帝即位後，卻重用衛綰，受到後人的稱讚。您上任後說過大赦天下，現在又追究此事，不是言而無信麼？」朱高熾立刻釋放舒仲成，繼續讓他做官。

有些官員為了拍皇帝的馬屁，就上了一本奏章，說：「陛下，如今的大明朝已經被你治理得風調雨順了，要不咱出本書歌頌下您的豐功偉績吧！」朱高熾把奏章拿到朝堂上，問大家有什麼意見，眾人都舉手贊同，只有楊士奇站出來說現在國家剛剛步入小康，先穩定幾年再說吧。朱高熾一聽有理，就也同意了。

朱高熾閑著沒事喜歡開辯論賽。一次，他定了個主題「當官是否要論出身」，然後開賽。正方認為有個好的出身可以讓人少奮鬥好幾年，有利於快速「進化」。反方則認為凡是有才德的人都應該被任用，而不應只看其出身，就算他是死囚犯的後代，有才能照樣允許做官。反方觀點犀利精闢，朱高熾瞬間就被征服，宣佈反方獲勝。

爲了更好的籠絡人才，朱高熾接受楊士奇的建議，要求凡是三品以上和二司官都應該努力爲朝廷推薦人才，以更好的鞏固朝廷的基業。楊士奇以身作則，推薦了不少人才，如他推薦的江南巡撫周忱上任後，對江南稅糧進行總體督管，之後擔任了三屆江蘇巡撫，是明朝有名的理財大臣。

于謙七歲的時候，有個和尚給他算命，說：「我走遍了大江南北也沒見過如此大富大貴的人，這小孩長大後必爲宰相。」于謙十二歲的時候就寫下了明志詩《石灰吟》，決定要爲國盡忠，不怕犧牲。

朱高熾不戀女色，後宮之中除皇后張氏之外，僅譚妃一人。張皇后非常賢慧，與朱高熾相敬相愛。譚妃也是一位賢內助，在朱高熾死後不久便自殺殉情，可見用情至深！其死後被諡爲昭容恭禧順妃。而張皇后不僅堅強地活了下來，還在明朝的歷史上大大的風光了一把。當然，這些都是後話了。

洪熙元年五月，只做了十個月皇帝的朱高熾病重，不久就去世了，享年四十八歲。雖然他在位時間不到一年，但對明朝所作的貢獻是毋庸置疑的。史書曾評價他：「用人行政，善不勝書。」翻譯過來就是，他在位的時候，能夠體恤民情，仁政治國，使老百姓得以安居樂業。所以，朱高熾的「仁宗」稱號算是當之無愧。

Q 太平天子

洪熙元年六月，朱高熾的長子朱瞻基即位，是爲明宣宗，次年改元宣德，成爲明朝第五位皇帝。就像朱元璋很欣賞朱高熾這個孫子一樣，朱棣也很欣賞朱瞻基這個孫子。朱瞻基剛滿月的時候，朱棣見小瞻基長得非常像自己，且面相不凡，就誇道：「這個孫兒長得真是英氣溢面！」

據說在朱瞻基出生的那天晚上，當時還是燕王的朱棣做了一個夢，夢見老爸朱元璋將一個大圭賜給了自己，並說「傳之子孫，永世其昌」。在古代，大圭象徵著權力，朱元璋將大圭賜給他，說明要將江山送給他。朱棣醒來後正在琢磨夢境的含義，突然有人報告說王孫朱瞻基降生了，從此朱棣把朱瞻基看作自己的小福星。

當朱高熾、朱高煦兩兄弟爲皇位繼承權明爭暗鬥的時候，朱棣的內心也在進行著拉鋸戰，解縉因一句「好聖孫」戳中了朱棣軟肋。如此說來，老爸朱高熾倒是沾了不少兒子朱瞻基的光！

朱棣讓朱高熾領著兄弟們去孝陵拜祭朱元璋，朱高熾因過於肥胖不僅走得慢，還不小心把攙扶他的兩個太監給壓倒了。見狀，兩個弟弟在後邊嘲笑他：「前人蹉跌，後人知警。」朱高熾頓時羞得想挖個坑把自己埋進去，但後邊很快就有人回應：「更有後人知警也。」那兩個小叔子一看是皇太孫朱瞻基，頓時大驚失色：這個小孩不簡單！

朱瞻基從小就很聰明。他喜歡看書，朱棣就特地讓自己的一把手姚廣孝去給朱瞻基講經書。朱瞻基也很爭氣，不僅過目不忘，而且對古今各個朝代的興盛與衰亡、安定與動亂的資訊比較留心，從中領悟出不少治理國家的道理。

永樂十一年端午節，朱棣看著熱鬧的情景有感而發，吟出上聯「萬方玉帛風雲會」，朱瞻基馬上對出下聯「一統山河日月明。」可見，朱瞻基不僅具有爺爺朱棣的英俊勇武，還遺傳了老爸朱高熾的靈光腦子。如此一個文武雙全的好孫子，也難怪朱棣經常向朱高熾稱讚朱瞻基：「你這個兒子可是以後的太平天子啊！」

朱棣有心栽培朱瞻基成爲下下代在政治和軍事上都大有作爲的君主，於是他在親自率軍北征的時候，總是把朱瞻基帶在身邊，教他如何分析軍情、領兵打仗。因此，見慣了流血犧牲的朱瞻基磨練了一副天不怕地不怕的英雄氣概，爲鞏固自己的龍椅地位做好了鋪墊。

楊榮曾隨朱棣遠征蒙古，但生活作風比較奢侈，朱瞻基知道後，私下問楊士奇對此的看法。楊士奇卻勸他不要因小過怪罪楊榮。朱瞻基笑著說：「你還爲他辯解？他

在我面前可是沒少說你的壞話！」楊士奇馬上說：「願陛下以曲容臣者容榮。」不久楊榮得知後，非常慚愧，自此與楊士奇建立起親密無間的友誼，關係甚爲融洽。

朱瞻基有個和他老爸一樣的好習慣，那就是比較能傾聽臣下的意見。他聽從閣臣楊士奇、楊榮等建議，停止對交阯用兵，曾要求大學士楊溥盡力輔佐自己。楊溥叩首回答：「臣決不敢忘記報答陛下的恩情。」朱瞻基接道：「直接指出我的過錯，就是對我的最好報答。」因此他在朝時君臣關係依舊融洽。

朱瞻基深知「民能載舟，亦能覆舟」的道理，積極推行休養生息的政策。有一次，朱瞻基外出返京，看到幾個農民正在耕田。他親自到田間同農民談話，並接過農民手中的犁把推了三下。他感慨地對隨從諸臣說道：「朕只推了三下犁，就覺得很累。老百姓一年到頭勞作不休，那辛苦就更可想而知了！」此後，更是體恤百姓。

朱瞻基遵照老爸朱高熾的遺囑，在爲他修建陵墓獻陵時，力主儉樸，注意節約，三個月就把陵墓的工程完成了。朱瞻基帶了這個頭以後，幾代明朝皇帝的陵墓都修建得較爲儉樸，直到明朝的第十一位皇帝世宗朱厚熜在位時，才壞了這個規矩。

有個巡撫要求在杭嘉湖地區增設一名專門管理糧政的布政使司官員。朱瞻基認爲，國家的賦稅有常額，不能養冗官，駁回了他的要求，還說：「省事不如省官。」工部尚書曾建議朱瞻基修建山西圓果寺的佛塔，好爲國家求福，朱瞻基卻說：「安民爲福，百姓安定就是國家的福氣，用不著借修佛塔來求福。」

河南有一個縣官，在當地發生災荒時，沒經批准就將官府倉庫裏上千石的公糧發放給了災民。有些官員就打小報告，說這位縣官私放官糧，藐視他朱瞻基的皇權。而朱瞻基不但沒有批評他，還表揚了這位縣官：「如果按手續來的話，等經過層層申報後，老百姓早就餓死了。所以，你做的很好！」

偷雞不成蝕把米

朱瞻基對於朱高煦這位有功勞、武功高強的叔叔很是尊重，有求必應，朱高煦卻以爲他軟弱無能，更加驕橫狂妄，認爲奪取皇位的機會來了。朱高熾駕崩時，太子朱瞻基從南京匆匆趕往北京奔喪。朱高煦得知消息後，策劃半路截殺朱瞻基，派心腹在路上伏擊，但由於準備不充分，被朱瞻基給躲過了。

朱瞻基登基後曾對大臣們說：「皇祖曾囑咐先皇說皇叔有二心，應當加以防備。而今皇叔所言，全是出於一片誠心，說明他已洗心革面，皇祖的話可以不順從照辦。」此後，朱高煦提出任何的要求，朱瞻基都一一照辦，這讓朱高煦以爲朱瞻基沒啥本事，開始琢磨著取而代之。

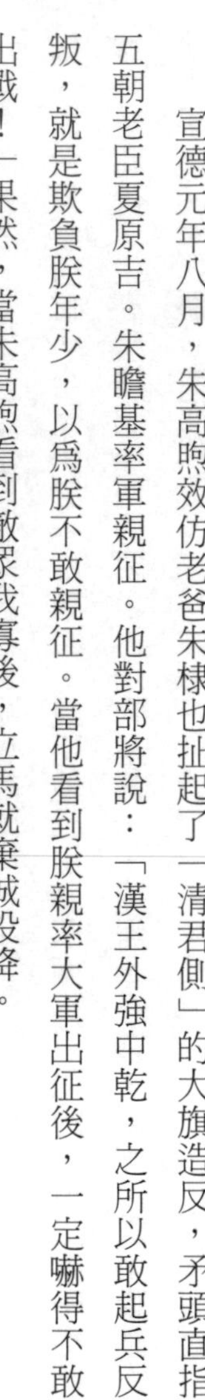

宣德元年八月，朱高煦效仿老爸朱棣也扯起了「清君側」的大旗造反，矛頭直指五朝老臣夏原吉。朱瞻基率軍親征。他對部將說：「漢王外強中乾，之所以敢起兵反叛，就是欺負朕年少，以爲朕不敢親征。當他看到朕親率大軍出征後，一定嚇得不敢出戰！」果然，當朱高煦看到敵眾我寡後，立馬就棄城投降。

于謙的膽量大，口才好，只要有人犯錯，哪怕是天王老子也敢指出來。朱瞻基在逮到朱高煦後，讓于謙細說他的罪行。于謙兩眉一豎，滔滔不絕，朱高煦在他的凌厲攻勢下，被罵得抬不起頭，趴在地上不停地發抖，自稱罪該萬死。朱瞻基大悅，任命于謙爲御史，想歷練此人，然後加以重用。

群臣都勸朱瞻基將朱高煦就地正法，但朱瞻基念在叔侄一場沒有殺他，而是將他廢爲平民，軟禁在西安門內逍遙城，凱旋回京。朱高燧見朱高煦偷雞不成蝕把米，瞬間明白，這個侄子可不是簡單人物，於是，乖乖向朱瞻基交出了兵權，落個逍遙自在。就這樣，明初近半個世紀的藩王問題在宣德朝終於得到了解決。

一天，朱瞻基去看望朱高煦。朱高煦見侄子前來想要個小動作羞辱他一番。等朱瞻基一進門，朱高煦便趁他不防一伸腿把朱瞻基絆了個猝不及防。朱瞻基大怒，命侍衛用三百斤重的銅缸把朱高煦扣起來，同時命人取來木炭，堆積在銅缸周圍，點燃木炭，把朱高煦活活燒死在銅缸內。

皇帝也愛鬥蛐蛐

朱瞻基有個最愛的娛樂活動，就是鬥蛐蛐。雖然工作時的他一絲不苟，態度嚴謹，但人都要勞逸結合嘛！於是，他下令讓屬下把全國的蛐蛐盡可能地搜刮了一遍，然後挑選出那些戰鬥力強的給自己玩。

朱瞻基很尊重自己的母親張氏，即朱高熾的皇后。國家大事，他都要與她商量，而張太后也很有能力，每次提出的建議都很受用。她告誡朱瞻基，要勤於政務，有什麼不懂的就多請教朝中的輔臣，聽取眾人的意見，不要武斷專制。朱瞻基不僅把這些話牢記於心，也的確這樣做了。

宣德三年二月，朱瞻基陪張太后親游西苑，太后玩得很盡興，但也不忘趁機教育自己的兒子：「如今天下太平，我們母子倆才能享受如此悠閒的時光，你要多爲百姓做些好事，不要讓他們因饑寒而動盪不安。只有百姓平安，我們母子的快樂才能長久啊！」朱瞻基鄭重點頭：「孩兒一定謹記母親的教誨。」從此，更加善待百姓。

宣德五年，朱瞻基命鄭和第七次下西洋，次年，船隊從五虎門出洋。這次遠航經占城、爪哇的蘇魯馬益、蘇門答剌、古里、竹步，再向南到達非洲南端接近莫三比克

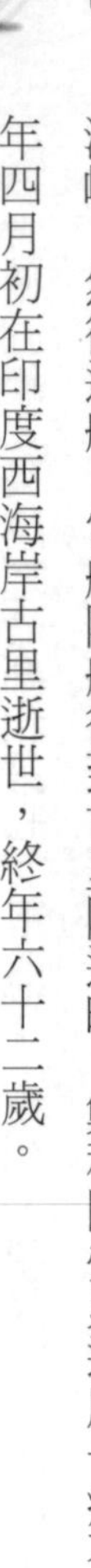

海峽，然後返航。當船隊航行到古里附近時，鄭和因勞累過度一病不起，並於宣德八年四月初在印度西海岸古里逝世，終年六十二歲。

朱瞻基還設法改善與日本、朝鮮的關係。宣德七年二月，朱瞻基派宦官柴山攜帶一份給足利義教的詔書去琉球，建議恢復關係和增加批准的貿易量。足利義教對所提的內容感到欣慰，在九月派了一名具有中國血統的僧人龍室道淵帶領一個使團於宣德八年六月抵達北京，隨行帶有馬匹、甲冑、刀劍和其他土產等貢品。

朱瞻基當政的後期，社會已經安定，他便感覺自己穩坐了江山，於是開始學習古代的皇帝，同大臣共同出去遊玩。每年春秋兩季他都要領著大臣登萬歲山，遊太液池，尋歡作樂。朱瞻基還允許百官每年放年假半月，盡情遊樂。他也常領著文臣們在西苑一起作詩評論，全然一副君臣共用太平盛世的美好景象。

朱瞻基從來不搞封建迷信。曾有個和尚覲見朱瞻基，說是想讓他捐點錢修建一下寺廟來祝福他長壽。朱瞻基沒聽幾句就把這和尚攆走了，他對身邊的大臣說：「人人都想長生不老，但這是不可能的事，秦始皇尋求神仙，南朝梁武帝親身從事神佛，都應驗了嗎？真是無稽之談，可笑之至！」一番話說得大臣們信服不已，對他更加的欽佩。

宣德九年，朱瞻基三十七歲，這個年齡正是人生的黃金歲月，他也沒有辜負朱家的列祖列宗，把國家管理得井井有條，說得上是國家太平，百姓安樂。因此他贏得了大臣與人民群眾的忠心擁護與愛戴。就在治國事業如日中天的時候，朱瞻基卻倒下了。這年十二月，朱瞻基突然得病，明朝由此開始進入了轉折。

宣德十年初，朱瞻基在短期患病後意外地死去，終年三十八歲，被尊爲章皇帝，廟號宣宗。在臨終時，朱瞻基指定已在宣德三年被定爲皇太子的朱祁鎭爲繼承人。這名兒童作爲英宗進行統治，而張太皇太后領導一個攝政團，一直統治到正統七年，她死去時爲止。

朱瞻基的統治時期是明史中一個了不起的時期，那時沒有壓倒一切的外來的或內部的危機，沒有黨派之爭，也沒有國家政策方面的重大爭論。政府有效地進行著工作，儘管宦官日益參與著決策過程。正是由於明仁宗朱高熾、明宣宗朱瞻基的作風較爲開明，才有了被史家讚揚的「仁宣之治」。

＊微歷史大事記＊

洪武十一年（一三七八年）八月，朱高熾出生。

洪武二十八年（一三九五年），朱高熾被立為世子。

洪武三十一年（一三九八年），朱瞻基出生。

永樂二年（一四〇四年），朱高熾被立為太子。

永樂八年（一四一〇年）二月，朱棣北征，命朱瞻基以皇長孫身分留守北京。

永樂九年（一四一一年）十一月，朱瞻基被朱棣冊立為皇太孫。

永樂二十二年（一四二四年）八月，朱高熾即位，立朱瞻基為太子。

洪熙元年（一四二五年）四月，朱瞻基奉命拜謁孝陵，離京出守南京。五月，朱高熾死，朱瞻基即位。

宣德元年（一四二六年），漢王朱高煦反，朱瞻基親征，朱高煦降。

宣德二年（一四二七年），朱祁鎮出生，次年，被立為太子。

宣德五年（一四三〇年），朱瞻基命鄭和第七次下西洋。

宣德十年（一四三五年）初，朱瞻基死。

第四章

俘虜皇帝

多舛命運

宣德十年，朱瞻基去世，長子朱祁鎮即位，是爲明英宗，次年改元正統。張太皇太后行使攝政權，倚重「三楊」，大事小事都要找他們商量，可憐這個已經歷經三朝的老組合，一大把年紀了還不能回家頤養天年。「三楊」上陣後，採取鞏固邊防，罷除派往各地的特務，減輕百姓賦稅，放寬刑罰等措施，成效還不錯。

張太皇太后是朱祁鎮的祖母。十一年前，她是張皇后，十年前，她是張太后，現在，她是張太皇太后。在這十一年中，她先後失去了自己的丈夫和兒子，成爲了朱祁鎮命運的主宰者。有人因爲朱祁鎮的身世之爭反對他登基時，她淡定地憑著自己的老資歷登高一呼，擁立朱祁鎮爲皇帝。於是，群臣朝賀，高呼萬歲。

據說朱祁鎮的媽媽不是孫氏。孫氏很受朱瞻基的寵愛，但內心覬覦皇后寶座。因胡皇后一直沒有子嗣，她便決定來個「捷足先登」。孫氏打聽到一個被朱瞻基寵幸過的宮女懷孕了，而朱瞻基卻不知道，於是把這個宮女藏了起來，自己假裝懷孕，等孩子出生後再偷龍轉鳳。這個孩子就是朱祁鎮。

朱祁鎮的一生充滿了傳奇色彩。他出生四個月後就被朱瞻基封爲太子。一出生就被光環籠罩的朱祁鎮似乎是被命運眷顧的幸運兒，讓旁人羨慕嫉妒恨！不過，老天是公平的，他永遠都不會專寵於某個人，朱祁鎮這孩子以後是註定要倒大霉的。

Q 明朝第一個專權的太監

王振本來是一個極爲失敗的教書先生，爲了謀生他自閹進宮，當起了宦官。但這廝運氣不錯，初進紫禁城就被分配到當時還是太子的朱祁鎮的東宮。王振使出渾身解數把朱祁鎮這小孩哄得一愣一愣的，關係搞得很好。朱祁鎮登基後，王振成爲司禮監的秉筆太監之一，被朱祁鎮親切地稱爲「先生」。

司禮監掌管皇城裏的一切禮儀、刑事及管理當差、聽事等雜役，替皇帝管理內外一切奏章，代皇帝批答大小臣子上奏的一切公文。王振通過對朱祁鎮的個人控制及司禮監的獨特權力開始干預朝政，朝政本是由內閣大臣楊士奇等人主持，王振這一行爲無疑是搶了人家的飯碗，這擱誰身上都會不樂意。於是，搶權比賽現在開始。

「票擬」制度形成後，朱祁鎮最後的裁決意見，要由司禮監秉筆太監，也就是王振，用紅筆批寫在奏章上，世人稱之爲「批紅」。奏章經過「批紅」以後，再交內閣撰擬詔諭頒發。王振掌握了「批紅」大權，實際上就成了皇帝的代言人。朱祁鎮把這樣一個重要官職交給王振，不是在鼓勵他專權嗎？如此，王振成爲明朝第一個專權的太監。

仗著朱祁鎮的寵愛，王振開始爲非作歹。一天，太皇太后派王振到內閣傳旨，讓內閣首輔楊士奇票擬處理意見。楊士奇當時票擬未定，王振就在一旁說三道四，氣得楊士奇三天都沒去上班。太皇太后知道後，命人用鞭子抽了王振一頓，又讓他去給楊士奇道歉請罪，並警告他，要是再發生這樣的事就直接砍頭。

太皇太后當著朱祁鎮和內閣大臣的面，讓扈從的女官把刀架在王振的脖子上，痛斥他在宮裏的種種不法行爲，直言要殺了他。朱祁鎮一見這情形，趕忙跪下爲王振求情，這感情真不是一般的深！皇帝都跪下了，邊上的人還能站著麼？於是，大家都跪下，無奈地加入了求情行列。太皇太后怒道：「你還小，哪知道此輩自古禍人家國！」但還是把王振放了。

正統六年十月，奉天、華蓋、謹身三大殿重建竣工，朱祁鎮在皇宮大擺筵宴慶賀。按明朝宮規，宦官沒有資格參加宮宴，王振發牢騷說：「周公輔助成王，爲什麼唯獨我不可以參加宴會呢？」朱祁鎮知道後不但不怪罪，還批准他參加宮宴。王振剛到，宮中百官就趕緊向他問好，表示歡迎。可見王振的勢力越來越大。

有位工部郎中名叫王佑，最會阿諛逢迎，溜鬚拍馬。一天，王振問王佑：「王佑，你爲怎麼沒有鬍子呀？」王佑無恥地回答：「老爺你沒有鬍子，兒子我怎麼敢有！」一句話說得王振心裏甜滋滋的，立即給他升了官。

王振把他的兩個侄子王山和王林提拔爲錦衣衛指揮同知和指揮僉事，提拔自己親信馬順做錦衣衛的老大，又把自己的心腹郭敬、陳官、唐童等，安插在各個重要部門。福建有位參政宋彰將貪污的數以萬計的官銀送給王振後，立即被提拔爲布政使。就這樣，從中央到地方迅速形成了一個以王振爲核心的朋黨集團。

「三楊」中的楊榮經常收受賄賂，這使王振找到了藉口。靖江王佐敬趁楊榮不在家時，私下送去一些金銀財寶，王振查到後，立刻向朱祁鎮打小報告，決意要置楊榮於死地而後快。楊士奇不顧年老體衰，拄著拐棍親自爲楊榮向皇帝求情，才避免了災難。正統五年，楊榮去世，楊士奇變得勢單力薄。

楊士奇正在政壇上奮力廝殺，大思治國良策時，自家的後院卻起了火，寵愛有加的兒子楊稷仰仗老爺子有權，在家鄉無法無天，遭到了言官們的舉報。楊士奇趕緊以掃墓爲由請假回家，結果被楊稷用障眼法騙過。後來這貨變本加厲，背上了十幾條人命，終因罪惡累累被抓進監獄。楊士奇羞愧難當，一口氣沒上來，被這龜兒子給活活氣死了！

正統七年，張太皇太后去世，王振的勢力迅速膨脹，開始肆無忌憚地招權納賄，百官大臣爭相獻金求媚。據瞭解，當時若想跟王振見上一面，得先掏見面費：白銀一百兩；若是掏得起白銀一千兩，便能再蹭頓飯，甚至有機會與王振共進午餐或者晚餐。真是比巴菲特還強！

于謙每次進京奏事，從不給王振送任何禮品。有人勸他說：「您不肯送金銀財寶，送點土特產也行啊！」于謙瀟灑一笑，甩了甩他的兩隻袖子說：「只有清風。」為此他還特意寫詩《入京》以明志：「絹帕蘑菇及線香，本資民用反為殃。清風兩袖朝天去，免得閭閻話短長！」兩袖清風的成語就是從這裏來的。

于謙愛民如子，「三楊」組合都很重視于謙。于謙所奏請的事，早上上奏章，晚上就能得到批准，而且都是三楊親自審批的。這待遇，可不是一般人才能夠享受到的。于謙曾上書申請讓河南、山西的官員於每年三月給當地的貧苦戶發糧食，等他們秋收後再還給官府。「三楊」一看，對民有利，立即批准了。

王振一直都想找于謙的麻煩，於是派人誣陷于謙，把于謙投到司法部門判處死刑，關在獄中三個月。後來百姓聽說于謙被判處死刑，一時間群民共憤，聯名上書。王振便編了個理由給自己下台，說從前有個叫于謙的人和他有恩怨，他把從前那個于謙和現在這個于謙搞錯了，後把于謙放出來並將其降職為大理寺少卿。

山西、河南的官吏和百姓都跪在北京政府門前抗議，請求于謙官復原職，王振氣得直撓頭，但他也知道人民群眾是惹不起的，只好再命于謙為巡撫。于謙回去後，繼續為人民服務的使命，前後在任共十九年，他的父母去世時，朝廷讓他回去辦理喪

事，辦完了後再回來起用原職。

宦官合理干政的方法

王振爲了更順利地進行干政行爲，命人將朱元璋造的那塊禁止宦官干政的鐵牌盜走。這牌在朱瞻基的時候還有，到朱祁鎮這一代卻失蹤了。但這時候，太皇太后已經去世，「三楊」也或死或隱居，而朱祁鎮就聽王振的，所以，大家是敢怒不敢言！

有個官員，不小心因爲上書而得罪了王振，被人抓進監獄，然後被殺死並肢解。從此，朝中大臣更是見著王振就恨不得能變成隱形人，原因很簡單：打招呼吧，生怕哪句話說錯了，也被肢解了；繞著走當沒看見吧，人家會說你目中無人，看不起自己。做人難，做讓王振看順眼的人更難！

駙馬都尉石碌，一天在家裏責罵傭人太監員寶。王振有了兔死狐悲的感覺，把石碌投入錦衣衛大牢。朱祁鎮對王振的所作所爲全部贊同，從來沒有懷疑過。朝中大臣見皇帝都如此，就更加感覺勢單力薄，誰都不敢說王振的壞話。是時，王侯公主都稱王振爲翁父，大臣們望風便拜，更有無恥的人認王振作乾爹。

打不死的李時勉

李時勉，先祖爲南唐李後主的五皇叔，江王李景遏。按輩分，李時勉爲李後主的十七世侄孫。李時勉曾是朱棣朝的官員，到朱祁鎮這一朝已經算是四朝元老了。其爲官期間，心存仁厚，執法公正，允許犯人申訴，重證據，不搞刑訊逼供，直至人贓俱獲，才結案發落，被當地百姓稱爲「李青天」。

永樂十九年，李時勉向朱棣提出「停止營建、賦恤饑荒、慎選舉、嚴考核、清理獄囚、罷黜骯官、罷遣僧道、優撫軍士」等十五條建議。那時，朱棣正決定把京城從南京遷至北京，耗費了巨大的人力物力，弄得民不聊生。「停止營建」有益於民，卻觸犯了朱棣的政治利益，所以李時勉被朱棣關進了監獄。一年後，在楊榮的保薦下他才被復職。

洪熙元年，李時勉目睹奸臣宦官擅權誤國，就勸朱高熾疏遠宦官，朱高熾不聽。李時勉當場就指著朱高熾的鼻子罵他昏君。朱高熾惱羞成怒，命武士將他狂扁了一頓。血泊中的李時勉胸部肋骨被打斷了八根，躺在地上出氣多進氣少。滿朝大臣看皇上的氣出得差不多了，就趕緊向他求情。朱高熾饒了李時勉一死，但把他貶了官。

李時勉不久又向朝廷上書三次，直言朱高熾的缺點，氣得朱高熾又讓錦衣衛把他抓進了監獄。但李時勉命不該絕，錦衣衛某領導當年因欠李時勉一個人情，現在聽說他遭慘刑，於是就利用職務之便，偷偷進入監獄為李時勉敷上國外貢品傷科良藥「血竭」，讓李時勉的傷很快痊癒了。一時之間，「打不死的李時勉」名滿全朝。

朱瞻基即位後，命人提審李時勉，後經一旁的宦官挑唆，傳旨將李時勉立即斬首。不料，傳旨官從右門出，李時勉從左門進來了。朱瞻基見到李時勉便大聲罵道：「你這龜孫，為啥老跟俺爹過不去？」李時勉理直氣壯地說：「我這是為國為民好，只有昏君才會說我是錯的！」這話真毒，朱瞻基為了成為「明君」，只好將李時勉官復原職。

正統六年，李時勉被任命為國子監祭酒。國子監是為封建王朝培養高級人才的地方。一次，王振來視察國子監，李時勉對他不亢不卑，不搞迎送，不擺宴席招待，得罪了他。後來，國子監彝倫堂的古樹枝條，妨礙士子們列隊操練，被李時勉砍去十二枝。王振便以「擅伐宮樹」的罪名，傳旨將李時勉戴枷示眾。

李時勉身頂烈日，堅持三天，他的學生司馬詢等一千多人跪在皇宮前以示抗議，請求釋放李時勉。有個學生石大用甚至上書皇帝，表示願意代替老師受刑。王振看到奏章後，一時有點動搖。正好國子監助教李繼通過太后的父親孫忠向太后求情，孫太后便轉告了朱祁鎮，後王振因壓力太大，放了李時勉。

李時勉在國子監的六年裏，言傳身教，把學生看作自己的兒子，拿自己微薄的俸祿，爲貧窮的學生買藥看病、買菜買米，甚至爲沒錢安葬父母的學生出資買棺木。李時勉是值得自豪的，因爲他培養出了像商輅、姚夔、彭時、岳正等一代名臣。

正統十三年春，李時勉因病辭官還鄉，滿朝文武官員和數千國子生將他送出崇文門外。沿途群眾塞道，爆竹喧天。看到李時勉回鄉時只有行李一卷、書籍幾箱，學生們便主動湊集白銀數百兩贈師，可李時勉堅持一文不收。回到老家的他，節儉度日，從不奢侈。

骨灰級「摳門」代表

麓川位於今天雲南的西部，是一個少數民族自治區，當時的麓川剛邁入文明社會不久，還經常發生燒殺搶掠的事情，在朱祁鎮派兵鎮壓之後，犯罪頭子思任發暫時認罪。本來戰爭到此可以結束，但王振等人想借此加官晉爵，鞏固自己的地位，就鼓動朱祁鎮繼續出兵，於是，麓川戰爭弄得雲南邊境一帶整日硝煙漫漫。

正統八年，劉球向朱祁鎮上奏提出十條建議，主要想說明兩點，一、你才是皇

帝，國事不要老讓王振那廝攪和；二、大明防禦的重點在北方，不要再打麓川了。王振等人知道劉球上奏的事後十分不滿，就找了個藉口把劉球抓進監獄，之後將他剁了個稀巴爛。朝堂上頓時嚇倒一大片，更沒人敢得罪王振了。

在漠北，當時的蒙古已經一分爲二——瓦剌與韃靼，兩個部落閑著沒事就喜歡掐架。正統年間，瓦剌不斷騷擾明朝的北邊，瓦剌太師也先經常派人以向明廷進貢爲名，騙取賞賜，因爲當時無論貢品如何，明朝都會給予進貢國家非常豐厚的賞賜，而按人頭派發。也先正是看中了這一點，派出的使臣不斷增加，最後竟加到三千多人。

王振雖然已經是上千萬級別的富翁了，但也是骨灰級別的「摳門」代表，看著白花花的銀子被也先那孫子用車拉走，他的心一抽一抽的疼，於是下令減少對瓦剌的賞賜。也先與王振本來私底下有勾結，但這次王振翻臉讓他的面子掛不住，於是決定與王振徹底決裂。

正統十四年，也先以明朝減少賞賜爲名，兵分四路進攻大明。王振想耀武揚威，名留青史，於是極力攛掇朱祁鎮親征。可是當時朝廷的主力都在外地作戰，調不回來，于謙等人就勸皇帝三思而行，奈何勸不動。沒辦法，他們只好從京師附近臨時拼湊了五十萬人馬，在朱祁鎮的帶領下浩浩蕩蕩地打也先去了。

王振這貨哄小孩還行，哪裏會打仗？他不管敵情如何，也不商量作戰方略，連

後勤保障都沒安排好就上戰場了。士兵們被餓得頭暈眼花，別說打仗，連兵器都快拿不動了。行到大同附近，看見被也先殺得屍橫遍野的明軍屍體，朱祁鎮和王振都動搖了，看起來敵強我弱啊。俗話說得好：「打得過就打，打不過就跑。」朱祁鎮下令：撤退！

史上唯一被俘虜的皇帝

王振的老家在蔚州，離大同非常近，他想，打不了勝仗，領這麼大幫兵馬回家鄉也很風光的，於是決定讓大軍繞道蔚州。王振的提議立即遭到群臣們的反對，因爲這樣會耽誤撤退的時機。但是王振哪裏聽得進去，再加上朱祁鎮也很希望給王振衣錦還鄉的機會，於是大軍開始朝蔚州方向移動。

王振這廝明顯腦子有病，在大軍正火速撤退的時候，他突然心血來潮，怕大軍經過會踩壞家鄉的莊稼，讓自己背上罵名，就建議按原路撤軍。這貨明顯忘記了，這不是在宮裏陪著小皇帝玩捉迷藏，而是在逃命！時間就是生命，而他還在這裏進進退退，悠閒自在，也先要是這樣還逮不到朱祁鎮，那可真是沒天理了！

在懷來城外的土木堡，朱祁鎮的軍隊終於被也先趕上。也先切斷了他們的水源，

假意議和的同時，趁明軍不備，發動總攻。朱祁鎮這倒楣孩子連劍還沒揮兩下呢，就被也先拉下了馬。就這樣，朱祁鎮成了大明朝第一個，也是唯一一個被俘虜的皇帝，這就是歷史上有名的「土木堡之變」。

朱祁鎮這邊的將領樊忠一看老大被抓走了，罪魁禍首王振還活著，便掄起鐵錘對準王振的腦袋狠狠地砸了下去。土木堡之變，英宗朱祁鎮被俘，五十萬軍隊被擊潰，從征的一百多名文臣武將幾乎全部戰死沙場，就連英國公張輔、兵部尚書鄺埜也爲國捐軀。消息傳到北京，百官直接趴在朝堂上號啕大哭。

遠在家鄉養老的李時勉聽到朱祁鎮被俘的消息後，也哭得差點上不來氣，怕死後碰見朱棣、朱瞻基等人不好交差！景泰元年，李時勉去世，臨死前，他叮囑自己的長孫李驥一定要代他赴京上書，一雪朱祁鎮被俘之恥。

于謙在京城聽到朱祁鎮被俘的消息後，大爲震驚。郕王朱祁鈺暫先監國，命令群臣討論作戰和防守的方略。徐珵（即徐有貞）說星象有變化，應當遷都南京。于謙生氣地說：「主張南遷的，該殺。京師是天下的根本，一搖動則國家大計完了，難道沒有看見宋朝南渡的情況嗎？」朱祁鈺也同意于謙的說法，開始商量怎樣防守。

當時京師最有戰鬥力的部隊、精銳的騎兵都已在土木堡失陷，剩下疲憊的士卒不到十萬，這讓朝廷上下都沒有堅定的信心。于謙請朱祁鈺調南北兩京、河南的備操軍，山東和南京沿海的備倭軍，江北和北京所屬各府的運糧軍，馬上開赴京師。看著于謙的淡定，人心都稍爲安定。後于謙被升爲兵部尙書。

大臣們向朱祁鈺請命，要求將王振滅門九族，而王振的黨羽馬順出來爲王振辯駁。是時，給事中王竑見馬順還在裝腔作勢，怒不可遏，上前一把抓住馬順，拳打腳踢，當場結果了他的性命。憤怒的人們又當場打死了王振的另外兩個死黨宦官毛貴和王長。接著，郕王朱祁鈺下令殺死王振的侄子王山並族誅王振之黨，把馬順的屍首拖到街頭示眾，王振家族不分老少一律處斬，並籍沒王振家產。

當時，郕王朱祁鈺雖是監國，但以前也沒怎麼主持過大局，他第一次看到原來惹民憤是這麼恐怖的事情，害怕得站起來就要逃跑。于謙一看這陣勢，趕緊上前扶住朱祁鈺別讓他亂動，打錯人怎麼辦？他讓朱祁鈺宣諭說：「馬順等人罪有應得，今天打架的人都不追究刑事責任了。」大家心裏這才稍微平衡了點。

于謙的袍袖在混亂中被撕了個粉碎，下朝後，吏部尙書王直握著于謙的手歎道：「國家正在倚賴你呢，今天這情形就算有一百個王直也沒你一個于謙頂事呀！」國不可一日無君，太子朱見深只有三歲，于謙等人向孫太后請旨立郕王朱祁鈺爲帝。朱祁鈺卻站在那一個勁地裝客氣，在大臣們的輪番勸說下，朱祁鈺才同意。

自古以來，查抄官員家產都是不得不看的一大亮點，他們要麼是清廉得除了鍋

碗瓢盆就沒別的東西了，要麼就是貪得連家裏的樹都是高貴品種。王振不僅愛權，更愛財。據統計，在籍沒王振家產時，僅金銀就有六十多庫，玉盤一百多個，珊瑚樹高六七尺者二十多株，其他珍玩不計其數，足見其貪污受賄的程度。

Q 阿甘也瘋狂的人生

生命就像一盒巧克力，你永遠不知道下面一顆是什麼味道。對於朱祁鈺來說，這顆巧克力真是甜到心坎兒上了。他做夢也沒想到自己這身世能有朝一日登上皇上寶座。所以，朱祁鎮被俘對明朝來說是恥辱，但對他朱祁鈺來說可是一件天大的好事。

正統十四年九月，朱祁鈺登基爲帝，是爲景帝，次年改元景泰，朱祁鎮被尊爲太上皇。朱祁鈺上台後的第一件事就是發佈命令：不許私自與也先聯繫。雖然這讓也先妄圖利用朱祁鎮騙取明朝財物、城池的計畫失敗，但也有一部分私心，他確實不想讓朱祁鎮太早回來，因爲朱祁鎮一回來他這皇帝之位就沒戲了！

朱祁鈺是朱瞻基的次子。朱祁鈺的生母，是朱瞻基生擒朱高煦後從他府裏帶回來的一位侍女吳氏。吳氏聰明伶俐，很得朱瞻基的寵愛，由於封建禮教的阻撓，身爲罪人的吳氏是不能被封爲嬪妃的，於是宣宗皇帝將她安排在了一個緊貼宮牆的大宅院中。後來，吳氏產下一子，即朱祁鈺，吳氏因此被封爲賢妃，但仍住在宮外。

朱瞻基病重的時候，派人將朱祁鈺母子召進宮，並託付自己的母后張太后善待朱祁鈺母子。托孤之後，一代帝王朱瞻基駕鶴西去。由於時逢皇帝的大喪，無人顧及吳氏母子的身世，他們就這樣被大家接受了。孫皇后也沒有食言，不久就封朱祁鈺為郕王，並爲他們母子修建了王府，供他們母子居住。

朱祁鎭被俘後，也先覺得非常難辦，是殺是留無法決定，而也先的弟弟勸他先留著作人質，說不定可以因此而敲詐明朝一筆，於是朱祁鎭才得以保全性命。從此，也先閑著沒事就領著朱祁鎭在大明的邊界上蹓躂，赤裸裸地炫耀：「看，你們的皇帝在我這裏，想救，拿錢來！」

于謙果斷地挑起了守衛京城的重任，他向朱祁鈺請命，將全國各地的後備軍全都調往北京，之後，又千方百計地將通州的糧食轉運到北京城中，再令工部製造器械盔甲，派遣都督孫鏜、衛穎、張軏、張儀、雷通分兵據守九門重要的地方，軍隊駐紮在外城的外面，將外城附近的居民遷入城內。一系列防禦做好後，就等著也先這孫子過來了。

也先想靠朱祁鎭大撈一筆的計畫失敗後，就以送朱祁鎭回京爲藉口，率領瓦剌精銳騎兵向北京發動進攻。于謙明白，對付也先這種貨色的招數就是砍砍砍，死命地

砍！除此之外別無他法！於是，在于謙這種不要命的死砍猛剁之下，也先被打得叫苦連天，抱頭亂竄。

城內的百姓看于謙他們打得那麼過癮，也開始手癢了。他們紛紛爬上房頂向瓦剌軍扔石頭，不管中不中，扔了再說。也先一看自己的弟兄已經快被滅光了，趕緊下令撤退，順便把朱祁鎮帶了回去。于謙率軍乘勝追擊，也先被追得那叫一個狼狽，惱得把于謙的祖宗八輩問候了好幾遍！如此，北京保衛戰取得圓滿勝利！

Q 軟禁太上皇

朱祁鈺在坐穩帝位之後，就犯了宋高宗的毛病，不願迎接朱祁鎮回京，生怕會影響自己的帝位，因此與朝臣發生了一些齟齬之事。這時又是于謙站了出來，他希望朱祁鈺能遣使去迎接朱祁鎮，並保證朱祁鎮回來不會影響他的皇帝位子。朱祁鈺無奈只好點頭，但他只是派出使者去打探消息，並沒有提出迎接。

楊善十七歲就中了秀才，當時恰好碰上朱棣的靖難之役，他因守城有功，朱棣就順口封了他一個小官。官職雖小，卻能經常見到朱棣，再加上為人圓滑，善於雄辯，不久楊善就被朱棣升官了。朱祁鎮即位後，楊善的兒子楊容因賄賂吳中被揭發，被朱

祁鎮貶官，奇怪的是，楊善竟然沒有被牽連，不久後還升了官。

景泰元年，朱祁鈺派楊善出使瓦剌，誰知聰明如他，竟然沒有徹底領悟朱祁鈺的命令宗旨。楊善在沒有鈔票、沒有聖旨的前提下，愣是靠著三寸不爛之舌把朱祁鎮接了回來。當朱祁鈺看見兄長的那一刻，心情怎一個悔字了得：「楊善，你個龜兒子！老子當初就不該派你去！」可生米已煮成熟飯，不能再把人送回去呀！

朱祁鎮回到北京後，作爲太上皇的他並沒有受到應有的禮遇，在簡短的迎接儀式之後他被軟禁在南宮，開始了長達七年的軟禁生活。即便如此，朱祁鈺還是不放心，他將南宮的大門上鎖並灌鉛，加派錦衣衛看守，食物由一個小洞遞入，就是這點食物有時還會被苛扣，朱祁鎮經常被餓得頭暈眼花，大罵朱祁鈺這廝不厚道！

奪門之變

朱祁鈺當了皇帝後，貪得無厭的想廢掉朱見深，讓自己的兒子當太子。於是，他派自己的太監親信去賄賂當時的重要大臣，希望他們在重立儲君的問題上能站在自己這邊，朝臣們不願公開反對朱祁鈺，只好對這事睜一隻眼閉一隻眼。

景泰三年，太子朱見深被廢爲沂王，朱祁鈺立自己的兒子朱見濟爲太子，朱見濟

的生母杭氏母以子貴立爲杭皇后。可朱祁玉唯一的兒子朱見濟並不爭氣，於次年便死翹翹了，朱祁鈺哭得那叫個傷心，但沒辦法，人死不能復生。朱祁鈺很快就想開了，沒關係，反正自己還年輕，兒子早晚還會有的。

做人要是太過分，連老天爺都不幫你。景泰八年，朱祁鈺不但一個兒子也沒造出來，自己也生了重病。眾位大臣眼看這位皇帝快蹬腿兒了，就商量著趕緊立儲，朱祁鈺死活不同意，嚷嚷著自己還沒當夠皇帝呢，立什麼儲。大臣們無奈，只好作鳥獸散，回家喝茶去了。

武清侯石亨、副都御史徐有貞等趁機跑到南宮將朱祁鎮接了出來，復立爲帝，改元天順，廢朱祁鈺爲郕王。朱祁鈺病還沒好，被這麼一折騰，氣得直接眼一閉，腿一蹬，死了。朱祁鈺死後，朱祁鎮廢其帝號，賜謚號爲「戾」，稱「郕戾王」。這是一個惡謚，表示朱祁鈺終身爲惡，死不悔改。這就是歷史上著名的「奪門之變」。

成化年間，一些臣僚開始爲朱祁鈺鳴不平，他們認爲朱祁鈺於危難之時受命，削平惑亂，使老百姓安居樂業，功勞很大，卻謚以「戾」，很不公平。甚至有人責問，當時若不是朱祁鈺即位，外敵如何能退，朱祁鎮如何能返？朱見深雖曾被朱祁鈺廢去太子之位，但對這位叔叔的功績還是相當理解。於是下旨恢復了朱祁鈺的景帝帝號。

石亨本是掌管大同軍事的將領，在土木堡之變中負有兵敗之責，被錦衣衛逮捕，關進監獄。朱祁鈺即位後，釋放了石亨等人。當時朝中軍事人才奇缺，主持朝廷軍政事務的于謙惜才，推薦石亨總領京營禁衛軍。石亨在後來的北京保衛戰中奮勇殺敵，一戰成名，朝野群臣頓時對他崇拜得兩眼直冒星星。

正統六年，曹吉祥曾受朱祁鎮委派，監軍西征，官號都督。這是明代內臣監軍的開始。京師三大營改建爲十團營後，朱祁鈺任命曹吉祥、劉永誠節制團營，這是明代開創以來內臣監管京師禁衛軍的最高職務。此後歷任皇帝都沿襲此例，任用宦官監管京師團營。石亨和曹吉祥等人，正是借助手中的禁衛軍權，才順利發動了奪門之變。

朱祁鎮任命曹吉祥掌管司禮監，總督三大營，掌握京城的軍政大權，可以隨意出入宮廷。其子侄都握有兵權，嗣子曹欽擔任都督同知不久又進封爲昭武伯，侄子曹鉉、曹鐸當上了都督，從此，有明一代開了宦官子弟封爵位的先例。曹吉祥身邊有一批奸佞之徒趨炎附勢，其囂張氣焰直逼「老前輩」王振。

曹吉祥大字不識幾個，所以極力主張凡有大事都要經過內閣，希望借此籠絡內閣成員支持自己。他引薦文武官員時，常常只看給他賄賂的多少，而不管這人是否有能力勝任。這點，朱祁鎮多少也看出來了，但因爲自己復位依靠的是曹吉祥，而曹吉祥又居功自傲，氣焰很盛，所以並不直接斥責他，只密令大臣對曹吉祥稍加壓制。

朱祁鎮認爲石亨有首功，封其爲忠國公，特加恩寵，對他的話是言無不從。從此

以後，石亨頭腦膨脹，他的弟、侄家人冒功進官者有五十餘人，其部下親戚、朋友等攀親騙官者多達四千多人。對京師大臣，他是看哪個不順眼就直接把人家辭退攆走。當時人們把曹吉祥與石亨並稱爲「曹石」。

石亨一時之間勢焰熏天，利令智昏，一些企圖升官的人都拜在他的門下，時有「朱三千，龍八百」的歌謠。他還大興冤獄，誣陷耿九疇、岳正入獄，將楊宣、張鵬趕至邊關。將朝廷文職巡撫全部撤換成武將充任。石亨將一切大權獨攬，爲所欲爲地干預朝政，每日覲見皇帝，即使不召見，也會藉故入宮。

朱祁鎮雖是個皇帝，但石亨已經完全不把他放在眼裏，每次提什麼要求，只要朱祁鎮敢皺眉頭，石亨就氣哼哼地直想罵娘，把朱祁鎮給氣得真想一刀砍死他。朱祁鎮對李賢說：「石亨那武夫不斷干預政事，怎麼辦呀？」李賢說：「您是皇帝，自個兒看著辦唄！」於是，朱祁鎮下詔：「非宣召，不得放進武官。」

天順四年，朱祁鎮親臨東壩，到馬廠視察點驗儀仗衛兵。御馬苑受到皇上如此重視，當然要立祠紀念。視察的禮制規格很高，不歸一般祭祀官員領導，而是直接隸屬皇家專管宮廷祭祀的光祿寺。每年春節、冬至、皇上生日，都由宮內太監或近臣侍僚前來拜祭。

石亨和曹吉祥肆意侵奪民田，有一位御史上書舉報。朱祁鎮看到奏章，對李賢和徐有貞說：「御史敢這樣直言，真是國家的福分！」站在皇帝身旁的曹吉祥惱羞成怒，要治御史之罪，被皇帝制止。石亨對曹吉祥說：「如今在內廷是你的天下，在外朝由我統領，李賢之輩這樣誣陷，其用意很明顯啊！」

徐珵因在朱祁鎮被俘時主張南遷而一臭成名，很多年沒有晉升。因此他開始巴結閣臣陳循，又通過收買于謙的門生，求于謙為他在朱祁鈺面前美言和推薦，意欲擔任國子監祭酒。朱祁鈺聽說是徐埕，便鄙視地說：「就是那個建議南遷的徐珵嗎？此人心術不正，任國字監祭酒之職豈不敗壞了學生的心術！」

徐珵在陳循的勸說下，哭著改名為徐有貞。別說還真有用！就換個名字，朱祁鎮就不認識了。沒多久，徐有貞就升官了。恰巧當時，黃河在沙灣一段決口七年了還治不好，大家都推薦讓徐有貞去。徐有貞心裏大罵這些人的不厚道，但聖命難違，哪知瞎貓碰上死耗子，他竟然把決口給治好了。因治河有功，徐有貞被升為左副都御史。

朱祁鈺病重時，徐有貞聽說石亨他們要把朱祁鎮接出來，也進去插了一腳。朱祁鎮後來封徐有貞為武功伯兼華蓋殿大學士，掌文淵閣事。徐有貞在景泰時期就嫉妒于謙的才能和地位，所以一直想扳倒于謙，取而代之。

徐有貞在朱祁鎮面前說于謙的壞話，沒想到皇帝不買他的賬，說于謙有功。徐有貞又說「不殺于謙，奪門無名」，還趁機誣陷他造反。朱祁鎮只好將于謙收押，但又

查不到證據，徐有貞就說：「雖無顯跡，意有之。」正是這句話，朱祁鎮殺了一代忠臣，成就了徐有貞的千古罵名。徐有貞的這句名言被後人提煉成了更加精練的兩個字「意欲」，成爲足以同秦檜殺岳飛的「莫須有」相提並論的冤案。

于謙的家被查抄時，窮得那叫一個叮噹響，所有查抄的工作人員都驚掉了下巴，于謙也算是位極人臣了，不可能沒有一點值錢的東西。終於，查抄人員發現有一扇鎖得緊緊的小門，結果打開一看，裏面都是他珍藏的皇帝曾經賜給他的衣服和寶劍。于謙行刑當天，天空陰霾四合，彷彿也正在訴說著他的冤屈。

徐有貞獨掌大權後，又在石、曹等人的誣告下，被朱祁鎮流放到雲南，削職爲民。石曹之亂後，他一心盼望自己可以重得重用，天天觀察天象，自稱將星位於吳，常揮動鐵鞭起舞，等待佳音的到來。不久，聽說吳地將軍韓雍因出征兩廣而立功，徐有貞才頹喪地扔掉鐵鞭歎道：「想不到天象應在這小子身上！」從此，浪跡於山水之間。

李賢是土木堡之變中的一員，當朱祁鎮被俘後，他抱著「留著青山在，不怕沒柴燒」的心態，拔腿開溜，逃回了大明。朱祁鎮復位後，升他爲翰林學士，進入內閣組織，後任當朝首輔一職。李賢一生從政三十多年，爲官清廉正直，政績卓著，是明朝文官中難得的一位治世良臣。

在于謙蒙冤被殺之後，李賢一直力主爲于謙冤案平反，先後參與罷黜徐有貞，誅殺石亨、石彪叔侄。在宦官曹吉祥與養子曹欽的叛亂中，李賢雖被叛軍砍傷，但倖免於難，並最終平定叛亂，曹吉祥被凌遲處死。至此，奪門之變後，陷害于謙的主要官員均被罷黜或處死，爲後來于謙案的平反奠定了基礎。

朱祁鎮曾向李賢詢問「奪門」一事，李賢說：「天位本來就是皇帝的，怎麼能說奪呢？當時萬一失敗，將把您置於何地？篡位麼？何況當時郕王已經病重，他死後，群臣自然會請您復位，何必如此多事！」朱祁鎮聽後才恍然大悟，開始疏遠曹吉祥，並下令今後奏章不准用「奪門」二字，同時又裁掉了因「奪門」被封官的四千多人。

巡撫大同都御史年富由於不投附石亨，被禁衛軍奉命逮入錦衣衛獄。朱祁鎮就問李賢：「年富這人怎麼樣？」李賢說：「這人行事嚴明公正，能革除宿弊。」朱祁鎮有所覺察，說道：「一定是石彪忌恨年富，滿足不了其私欲，陷害他！」李賢跪伏稱頌：「皇上明見，這是實情啊！」年富被釋放後，死活不再當官，回老家去了。

李賢爲人耿介忠直，朱祁鎮有事必召，而其大部分意見都會被採納。李賢曾勸朱祁鎮釋放了從永樂朝就開始被囚禁的「建庶人」，即朱允炆的幼子文圭。天順八年，朱祁鎮病重時，還把李賢召到床前讓他好好輔佐朱見深。朱見深即位後，李賢經常勸他親賢遠奸，勤政愛民。

岳正世家爲武職，到岳正這一代卻是棄武從文。岳正京師鄉試中舉，就讀於國子監。當時李時勉爲祭酒，廣招四方名士，岳正、商輅、彭時、王恕等都在此讀過書。正統十三年，岳正參加會試，考官起初並沒有選中他，但侍講杜寧審閱了他的試卷後說：「此我輩人也。」於是，岳正高中探花，授翰林編修。

天順元年，朱祁鎮復位後，曾在文華殿召見岳正。岳正身材魁梧，美髯飄飄，朱祁鎮遠遠望見就連聲稱「好」。他讓岳正先做個自我介紹，岳正答：「四十歲，北方人，曾在正統十三年考中進士。」朱祁鎮很高興，說：「朕今用你爲內閣，好爲朕辦事。」

岳正生性豪放，敢於仗義直言，不避權貴。見朱祁鎮重用他，便感激涕零，一心效力。每次上朝後，岳正都會發表一些慷慨激昂的言論。有一次，他的唾沫星子濺到朱祁鎮的龍袍上也沒有察覺到，依然侃侃而談。有人勸他「信而後諫」，他慨然道：「皇上對我如此厚愛，我最怕的是無以報答。」

岳正一生讀過很多書，曾說「天下事沒有什麼是不能做的」，常以清高自許，俯視一世。他被流放時，朱祁鎮曾說：「岳正倒好，只是大膽。」岳正聽說後，就寫了篇《自贊小像》，其中寫道：「岳正倒好，只是大膽，惟帝念哉，必當有感，如或赦汝，再敢不敢。」

很多人看不慣石亨與曹吉祥的無法無天，寫了封匿名信揭發他們的罪狀。曹吉祥大怒，請求皇上親自出榜，懸賞抓捕寫匿名信的人，賞以三品官。朱祁鎮照辦，岳正就說：「英宗命撰榜文，岳正與呂原勸道說：『爲政自有體，捕盜賊事當責兵部，奸宄當責法司，哪有天子自己出榜購募的？』」朱祁鎮頓悟，不再追究此事。

石亨的侄子石彪鎮守大同期間，一天派人向朱祁鎮請功，說自己抓捕了一大批罪犯，但因爲人太多，不能全部押解回京，就把他們全在樹林中斬殺了。岳正取過地圖一看，說：「某地至某地，四面都是沙漠，一棵樹都沒有，哪來的樹林？」來者語塞，無言以對。從此，石亨對岳正更是記恨。

一天，朱祁鎮問岳正：「你何以輔佐？」岳正回答：「內臣、武臣權勢過重。」於是，朱祁鎮將此事告知曹欽、石彪，勸他們辭卻兵權。曹欽、石彪大驚，趕緊告訴曹吉祥。曹吉祥就跑到朱祁鎮面前，跪在地上哭著請求皇帝將他處死。英宗見石、曹兩人勢力強盛，岳正又實在無能，只得把岳正貶爲廣州欽州同知。岳正任首輔僅二十八天。

在赴欽州途中，岳正因順路去家鄉探望了老母十多天，石亨的心腹陳汝言就舉報說，岳正在貶降外任途中擅自耽擱。於是，岳正又被逮捕入獄，挨了一百棍後流放肅州。岳正行至涿州驛舍時，因雙手被拷得太緊，幾乎氣絕身亡，多虧楊四用酒灌醉了

看守他的公差，鬆開了他的械具，並厚金賄賂公差，請他們一路多加關照，才得以平安到達肅州。

朱祁鎮帶著恭順侯吳瑾和幾個大臣內監登上翔鳳樓，登高望遠，很是愜意，突然朱祁鎮指著城區中心黃金地帶的一座豪華別墅問吳瑾：「你知道那是誰的房子嗎？」吳瑾答道：「那一定是王府！」朱祁鎮冷笑著道：「你猜錯了，那不是王府。」還沒等吳瑾回話，朱祁鎮就冷斥，「石亨強橫到這個地步，竟沒有人敢揭發他的奸惡！」

石亨讓朱祁鎮給他的祖墓立碑，朱祁鎮把眉一豎：「從我太爺爺朱棣開始，朝廷就沒有爲功臣祖宗立碑的先例，要立你自己立！」石亨的侄子石彪被封爲定遠侯，其驕橫程度與石亨相比毫不遜色。朝廷內外的將帥半數是石家的門下，朱祁鎮終於忍無可忍：「得趕緊滅了石亨他們，要不然這孫子都要逆天了！」

天順二年，陳汝言的貪污罪被揭發，查抄家產時財物之多令朱祁鎮都咂舌。朱祁鎮命人將贓物擺在宮殿走廊下，召石亨等人過來「欣賞」。朱祁鎮聯想起于謙的清貧，痛心地說：「于謙在景帝朝一直受寵，但死時尚窮成那樣；而這陳汝言當了不到一年的兵部尚書，竟然收了這麼多賄賂！」石亨心虛得跪在地上連頭也不敢抬。

天順三年正月，錦衣衛奉命調查大同總兵石彪的行跡，八月正式逮捕石彪。石彪本是以戰功起家，將領職位並不是借助權勢得來的，但是他勢盛而驕，多行不義，終於自蹈覆轍。其人生性陰狡兇暴，統鎮大同時即以侮辱總兵官爲樂。屢遭其侮辱的總兵官爲了報復，便向朝廷密報石彪野心勃勃，圖謀不軌。

朱祁鎮決定將石彪召回京師，晉封侯爵，但石彪不想離開大同，便暗中讓心腹將領大同千戶楊斌等五十人到皇宮前請願，乞留自己鎮守大同。錦衣衛密探很快偵知這一切，皇帝便下令逮捕石彪，關入錦衣衛獄。石彪在錦衣衛詔獄中遭到嚴刑拷打，只得說出自己要造反的話，並供出了石亨。

一次退朝，回到私邸，石亨對心腹盧旺、彥敬說：「我這高官厚祿，都是你們所想要的！」兩人十分詫異，不知道什麼意思，趕緊說：「我二人得公提拔，才有今日，哪能有什麼妄想！」石亨自得地說：「陳橋驛兵變，史書不稱是篡位。你們要助我成大事，我這官不就是你們的？」盧旺、彥敬嚇得直打哆嗦，一句話也不敢說。

瞽人童先向石亨出示神秘的妖書，書上寫道「唯有石人不動」，意在勸石亨舉兵起事。石亨自信地對他的私黨誇口：「大同兵馬甲盛天下，我一直優厚對待，石彪又統鎮大同，完全可以依恃。有一天讓石彪取代李文，佩帶鎮朔將軍印信，專制大同軍事，北擁紫荊關，東據臨清，決開高郵堤壩，斷絕餉道，京師不用血戰就可拿下。」

蒙古入寇延綏，石亨奉命抵禦，統領京師禁衛軍出京。童先再次勸石亨起兵，石亨大大咧咧地說：「這事不難。只是天下兵馬都司還沒全換上我的人，等換好了，再

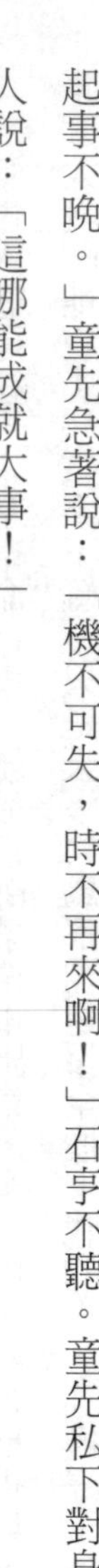

起事不晚。」童先急著說：「機不可失，時不再來啊！」石亨不聽。童先私下對身邊人說：「這哪能成就大事！」

石彪被收捕後，石亨被罷去了一切兵權和職務。這時的石亨才急著謀變，但實際上他已經處於軟禁狀態，行爲很快便被錦衣衛密探偵悉。天順四年正月，京師出現彗星，朝野驚恐。錦衣衛指揮逯杲以親軍統帥和皇帝心腹的雙重身分上書密奏皇帝：石亨心懷怨恨，與其侄孫石俊密謀不軌。濃縮一下就是：石亨要造反！

朱祁鎮發現石亨的造反意圖後，趕緊下旨逮捕石亨，下錦衣衛獄。禁衛軍奉旨逮捕了石亨。嚴刑拷掠之後，石亨慘死獄中，石氏一族幾乎被滅，而石亨的私黨及童先等全被處死。皇帝收捕並處決了石亨後，下令因石亨而冒功晉爵的一律自首革職。

曹吉祥知道石亨一倒台，自己也蹦躂不了幾天了，就與曹欽等人來個裏應外合，準備把朱祁鎮廢了，自己當皇帝。商量好後，曹欽把蕃將們聚到一起夜飲。這天晚上，孫鏜和恭順侯吳瑾都在朝房值夜。蕃將中有個叫馬亮的，偷溜出來告訴了吳瑾。吳瑾趕緊讓孫鏜去報告皇帝朱祁鎮。

朱祁鎮在知道姓曹的要造反時，表現的比大家想像中的還要淡定。依照他從皇帝到俘虜，從俘虜到太上皇，從太上皇再重新做回皇帝這一跌宕起伏、有聲有色的人生經歷來說，這件事情他完全可以穩住！於是，朱祁鎮下令：先綁了曹吉祥，再封閉皇城和京城九門，等曹欽來後，往死裏打！這一串命令下得真是太棒了！

孫鏜率兵殺到曹府後，曹欽於走投無路之下，跳井自殺。孫鏜又把曹鐸及其全家人都殺了。三天後，朱祁鎭下令把曹吉祥碎屍萬段，曹吉祥的地產被沒收爲皇莊。

複雜人生路

朱祁鎭在位的最後一年才從皇后錢氏的口中得知自己並非孫氏所出，奈何年代已久已找不到自己的生母。於是，他只好把一腔同情寄予被老爸廢掉的那個可憐的胡皇后。朱祁鎭下令重修陵寢，一切按照皇后的葬禮又把胡氏的喪事辦了一遍。

錢氏作爲朱祁鎭的皇后，並沒有爲他生下子嗣，周貴妃卻有一子，即朱見深。這情形跟當年胡皇后與孫貴妃的情形極其相似，所以，錢皇后非常同情前朝的胡皇后。不過，錢皇后卻非常幸運，她並沒有因無子而被朱祁鎭廢黜皇后之位。

朱祁鎭與錢皇后也算是苦難夫妻了。想當初朱祁鎭被也先逮走後，錢皇后就把自己的家底全拿出來祈求瓦剌使者去營救朱祁鎭。她因爲擔心朱祁鎭，天天趴在床上哭泣，結果把一隻眼睛哭瞎了。當朱祁鎭回來卻被朱祁鈺囚禁起來時，錢皇后經常去開導他，才讓他終於守得雲開見月明。

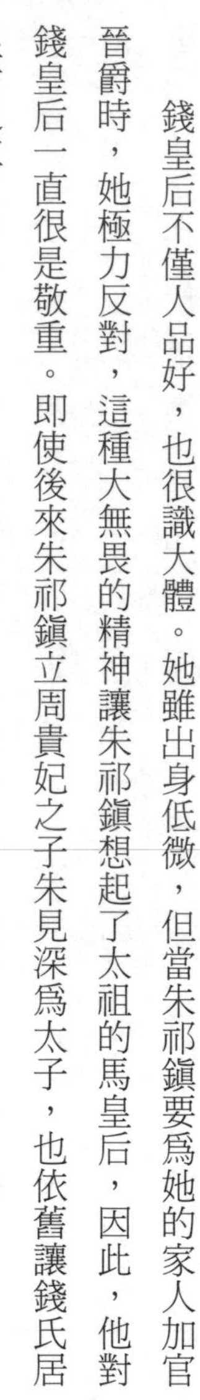

錢皇后不僅人品好，也很識大體。她雖出身低微，但當朱祁鎮要爲她的家人加官晉爵時，她極力反對，這種大無畏的精神讓朱祁鎮想起了太祖的馬皇后，因此，他對錢皇后一直很是敬重。即使後來朱祁鎮立周貴妃之子朱見深爲太子，也依舊讓錢氏居皇后之位。

朱祁鎮怕自己死後，錢皇后會受周貴妃的欺負，所以在臨終前遺命：「錢皇后千秋萬歲後，與朕同葬。」明朝慣例是一帝一后同葬，他這是要告訴周貴妃：即使你的兒子做了皇帝，錢皇后的太后地位也是不可動搖的。果然，朱祁鎮死後，周貴妃就鬧著獨稱太后，但大臣以「先帝遺命」反對。最後，朱見深被自己老娘鬧得頭疼，只好兩宮並尊，周氏與錢氏同爲太后。

朱祁鎮的一生並不算光彩，他寵信過奸邪小人，打過敗仗，當過俘虜，做過囚犯，還殺過忠臣，連鬼都不信他是個好皇帝，但他卻是一個好人，他幾乎相信了身邊的每一個人，從王振到徐有貞、再到石亨、李賢，儘管這些人有忠有奸，可這並不能完全抹煞他的能力與貢獻。

朱祁鎮還在天順年間開始任用了李賢、王翺等賢臣，又先後平定了石、曹之亂，顯現了一代英主的風采。朱祁鎮曾對首輔李賢說過他每天的起居情況：「吾早晨拜天、拜祖畢，視朝。既罷，進膳後閱奏章。易決者，即批出，有可議，送先生處參決。」

我們總是想著未來要……，計畫著將來……，但很可能今晚睡夢中的一場地震或一場火災，會讓我們立馬消失。把每天當成最後一天來過，你的問題就不是問題了。正是本著這種做人的原則，朱祁鎮做了一件打破傳統祖制的事情，也正是這件事，給他的人生添加了最爲亮麗的一抹色彩。

自朱元璋起，明朝皇帝制定了一項極爲殘酷的規定，每逢皇帝去世，後宮都要殉葬，朱元璋和朱棣自不必說，就連寬厚仁道的朱高熾和朱瞻基也沒有例外，現在這一毫無人性的制度終於被歷史上有名的差勁皇帝廢除了，不能不說是一種諷刺。

天順八年正月，朱祁鎮在彌留之際召見了他的兒子——同樣命運多舛的朱見深，將帝國的重任交給了他，並說出了最後的遺願：「自高皇帝以來，但逢帝崩，總要後宮多人殉葬，我不忍心這樣做，我死後不要殉葬，你要記住，今後也不能再有這樣的事情！」朱見深鄭重點頭：「好。」

就這樣，朱祁鎮走完了他三十八年的複雜人生之路。

微歷史大事記

宣德二年（一四二七年），朱祁鎮生。

宣德三年（一四二八年），朱瞻基廢胡皇后，立朱祁鎮為皇太子。

宣德十年（一四三五年）正月，朱瞻基駕崩，朱祁鎮登基，是為明英宗，次年改元正統。二月，封弟朱祁鈺為郕王。

正統元年（一四三六年）二月，三楊輔政。

正統五年（一四四〇年）三月，建北京宮殿。

正統十四年（一四四九年）七月，爆發「木土堡之變」，朱祁鎮親征被俘，王振死。九月，朱祁鈺即位，是為景帝，次年改元景泰，尊朱祁鎮為太上皇，立朱祁鎮長子朱見深為太子。十月，也先圍攻北京，于謙率軍民抵抗，保住北京城。

景泰二年（一四五一年），朱祁鎮被釋回京，軟禁於南宮。

景泰三年（一四五二年），朱祁鈺廢朱見深太子位，立自己長子朱見濟為太子。

景泰八年（一四五七年），朱祁鎮發動「奪門之變」復位，直接改元天順。朱祁鈺死，以親王禮葬，成化十一年（一四七五年），朱見深追諡「恭仁康定景皇帝」。

天順八年（一四六四年），朱祁鎮駕崩，臨死前廢除殉葬制度。

第五章

畸形之戀

愛情是我的一切

于謙等大臣費盡了千辛萬苦，終於迎回了英宗。英宗雖然已經被迎接回來了，但成爲了太上皇，因爲現在大明朝已經有皇帝了。回朝後的英宗的待遇好不到哪裏，從英宗回朝的迎接禮上，就可以看出。真是江山易主了，英宗內心無限凄哀！

代宗下令將英宗軟禁在南宮內，這會兒英宗剛回朝，還沒喘口氣和他的老婆孩子親熱一番，這位皇帝弟弟實在太不人道了。看來代宗還是不放心英宗，他擔心英宗復辟，把自己從皇位上拉下來。

代宗打算易儲，即廢掉太子朱見深，另立他的親子朱見濟爲太子。可憐見的，朱見深就這樣被踢出局了。世態炎涼，被廢掉的朱見深可真算體驗到了，雖然以前大家對地位不穩的朱見深不甚熱情，但現在已經被廢掉的他，更沒有人搭理了。

萬貞兒，山東諸城人。她的爸爸叫萬貴，是縣衙中一名普普通通的小吏，不知是因爲辦事不力還是得罪了人，宣德年間被發配到邊防充軍，家產被抄，家人被送入官府爲奴爲婢。機緣巧合下，萬貞兒被送到宮中孫太后的身邊。這個孫太后正是英宗皇帝的媽媽，也就是朱見深的奶奶。

在太上皇英宗被迎回之後，代宗派人嚴加看管，結果果然如于謙所說，英宗的回歸沒有影響到他的帝位。現在原太子朱見深被廢了，自己的兒子朱見濟當了太子，一切的進展都讓代宗很滿意，如今他做夢都能時常樂醒。

孫太后深知深宮之中，人心叵測，保不齊哪一天代宗朱祁鈺來個斬草除根，到時她那可愛的孫子可就毀了。這可不成，絕不能讓這種事發生。孫太后做出一個決定，派自己身邊最得力的宮女——萬貞兒，去照顧她的孫子。當年，朱見深兩歲，而萬貞兒已經二十一歲了。從年齡上看，我們斷不會想到這兩個人會發生什麼故事的。

朱見濟還沒當幾天太子就早夭了，代宗聽到消息，頓時天昏地暗，昏了過去。醒來後，他還是不能相信這個事實，拉著身邊的人一遍遍詢問，當得到確定的答案後，他徹底崩潰了，不禁嚎啕大哭道：「我那苦命的孩兒啊，你怎麼就那麼命苦呢……」至此，代宗在精神上受到了嚴重的打擊。

姐弟戀的開端

被廢的朱見深算是最可憐的娃了：失去太子之位的他被封為沂王，然後被趕出皇宮，以往身邊的人，此時大都離開了他，另尋出路去了。面對這一突變，剛五歲的朱見深驚慌失措，孤零零地看著這混亂的局面，一時手足無措。

就算全世界的人都會離開他，唯獨一個人不會離開他，朱見深對這一點深信不疑，這個人就是萬貞兒。這不，此時萬貞兒將朱見深緊緊地抱在懷中安慰道：「寶寶，不怕啊，有貞姐姐在，貞姐姐永遠會陪著你的。」有了這句承諾，本來還戰戰兢兢的朱見深頓時放鬆下來，不一會兒就窩在萬貞兒的懷裏睡著了。

朱見深被強行搬出宮外，開始了沂王的生活。這是他人生中最黑暗的一段時光，搬出宮外的他無法與母親、祖母見面，身邊佈滿了代宗朱祁鈺的眼線。一旦被抓住把柄，說不定他會從廢太子變成早逝的廢太子。所以，他整天戰戰兢兢地生活著。

五歲的小娃朱見深，不能承歡父母膝下，也不能享受皇子應該享受的榮華富貴，只能身處危險境地，過著過了今天不知道明天會怎樣的生活。這樣的生活對於一個才幾歲的孩子來說，是莫大的折磨。而萬貞兒，一直默默在這種環境中陪伴著他，照顧著他，無論遇到什麼困難都不離不棄。

景泰八年一天的夜裏，爆發了歷史上有名的「奪門之變」，英宗被擁立復辟，聽說英宗復辟的消息後，代宗一氣之下，一命嗚呼了。

英宗復辟，朱見深又被重立爲太子，從此，他的美好時代開始了。在朱見深當太子的日子裏，萬貞兒一直跟在他身邊，形影不離，日漸成熟的朱見深對大他十九歲的萬貞兒的情感產生了微妙的變化，他們的關係也發生了特殊的變化。這一切都落入了英宗夫婦眼中。

萬貞兒是朱見深生命中最重要的人，沒有她，他不知道自己該怎樣生活。在危

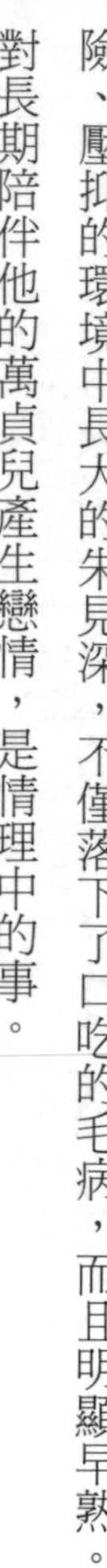

險、壓抑的環境中長大的朱見深，不僅落下了口吃的毛病，而且明顯早熟。所以，他對長期陪伴他的萬貞兒產生戀情，是情理中的事。

英宗夫婦爲朱見深挑選好了皇后的人選，只等朱見深登基後挑選冊封，萬貞兒是絕不可能成爲皇后的。他們想：「萬貞兒比自己的兒子大那麼多，等他長大了，萬貞兒肯定都年老色衰了，到那個時候，朱見深自然就會離開她了。」朱見深見自己的父母不干涉他與萬貞兒的感情，心裏感動得一塌糊塗，世上只有爸媽好啊……

天順八年，英宗朱祁鎭病逝，太子朱見深即位，是爲憲宗。朱見深即位後，立即封萬貞兒爲萬妃，從此，卑賤宮女萬貞兒飛上枝頭變鳳凰，人生發生了一個巨大的轉變，進入了皇妃的美好時代。被封爲妃時萬貞兒已近三十七歲，快到不惑之年了，但讓眾人大跌眼鏡的是朱見深幾乎把所有的寵愛都給了她。

悲情皇后

吳氏是憲宗朱見深的皇后。她是順天府人氏，是一個大家閨秀。此人能歌善舞，知書達理，女工特別突出，長相也是十分出挑，冰清玉潔，國色天香，在當時被稱爲京城第一美女，後來入宮，被選爲皇后。朱見深即位時十八歲，而她十四歲。就是這個十四歲的女娃此時已經挑起管理六宮的重任。

萬貞兒對小吳皇后很是不滿，憑什麼讓一個十四歲的小女娃當皇后，這對她簡直太不公平了。自己陪皇帝受苦時，她指不定在哪吃奶呢，想讓我服她，門都沒有！後宮的一場暴風雨即將來臨，朱見深兄弟，你的好日子不長了！

小吳皇后對於宮女出身的萬妃自然是看不上眼，心想：「你不就仗著皇上寵你、愛你嗎？拽什麼拽？再過幾年你人老珠黃了，皇上還要你不？」但她認爲自己眼下還是要忍辱負重，料她萬妃也得意不了多久。於是，她平時對萬妃的無禮行爲是睜一隻眼閉一隻眼，只求相安無事。

萬妃給小吳皇后請安，行禮的時候，面沉如水，問安的聲音也冷得嚇人。想到萬妃這老女人竟然給皇帝吹枕邊風，挑唆她與皇上的夫妻感情，讓皇上這陣子都不理自己，小吳皇后十分生氣，於是怒喝道：「大膽的萬妃，你藐視皇家規矩，不懂禮數，你知罪不？」

萬妃很厲害，面對小吳皇后的怒喝，回擊道：「你才不懂皇家禮數呢？我在皇宮二十年，吃的鹽比你吃的飯都多。這會兒你竟敢教訓起老娘來了。」如此一來二去兩人的戰爭不斷升級，在場的嬪妃、宮女、宦官個個嚇得面如死灰。

吳皇后畢竟太年輕，一時氣怒竟忘了忍辱負重。她對下人下令道：「來人啊，

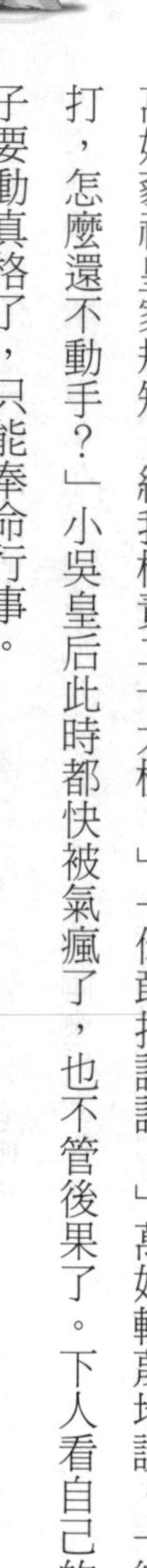

萬妃藐視皇家規矩，給我杖責二十大板。」「你敢打試試。」萬妃輕蔑地說。「給我打，怎麼還不動手？」小吳皇后此時都快被氣瘋了，也不管後果了。下人看自己的主子要動真格了，只能奉命行事。

萬妃見到朱見深後立刻告了狀，又添油加醋了一番。朱見深一聽立刻火冒三丈道：「竟敢欺負我的人，真是太歲頭上動土，不想混了。想當初你怎麼爬上皇后之位的，別以爲我不知道。好，今天我就叫你得意不起來。」於是，朱見深有了一個決定，就是廢掉吳皇后。

朱見深去了仁壽宮，他去仁壽宮幹什麼呢？當然不是單純地去給太后請安，他要告知太后一件事，只是告知。因爲他已經做好決定了，他要廢掉吳皇后，一定要廢掉吳皇后，不達目的，他誓不甘休。一則他不喜歡這個小皇后，二則她竟敢欺負自己的萬妃，這口氣他著實不能忍。所以，吳皇后必廢不可。

朱見深料到兩位太后不會同意自己廢掉吳皇后。果不其然，兩位太后聽到皇上要廢吳皇后，異口同聲道：「不行。」於是他說道：「如果不廢掉吳皇后，這個皇帝我也不當了，誰愛當誰當去。」兩位太后聽罷是又氣又急，喝道：「這說的是什麼糊塗話，別當我們不知道，你心裏打的什麼主意。你想廢掉吳皇后，然後讓你的萬妃當皇后是不是？」

朱見深一副委屈的表情站著。他知道立萬妃爲皇后是不可能的，但是吳皇后今天非廢不可。於是他說道：「兒子不孝，今天如果不廢吳皇后，兒子就出家當和尚去。」說完，拂袖而去，留下錯愕於當場的兩位太后。一番僵持後，兩位太后敗下陣來，同意廢掉吳皇后。幾天後，吳皇后被打入冷宮，朱見深改立王妃爲皇后。

萬妃懷孕了，聽到這個消息，朱見深非常高興，從此之後，對萬妃更加寵愛了。轉眼間，幾個月過去了，萬妃一朝分娩，爲朱見深生下一個兒子，這位皇帝父親喜極而泣，立刻封孩子的母親萬妃爲貴妃，立小皇子爲皇太子。一時間，百官朝賀，普天同慶。

可憐才當了一個多月皇后的吳皇后就這樣被打入冷宮，和孤獨、寂寞作伴去了。隨著吳皇后的被廢，她的家人也遭到了萬妃的打擊報復。吳皇后的父親吳俊被罷免官職，發配邊關。可憐吳老爹這麼大把年紀還得受著顛簸！吳皇后的哥哥，曾經前途無量，現在也被罷官和他老爹一塊去守邊關去了。

繼任皇后王妃，也就是現任的王皇后，有了吳皇后的前車之鑑，小心翼翼地做起她的皇后來。對於萬妃她百般忍耐，任其肆意妄爲。就這樣，王皇后做著她的掛名皇后，和萬妃相安無事地生活在後宮中。

朱見深命人去五嶽名山，四大佛教仙山求神保佑小太子平安、健康，長命百歲。

可這一切並沒有任何作用，因爲第二年這位小太子就不幸患病夭折了，而萬妃也因爲高齡產子，接生婆醫術不高而永遠喪失了生育能力。失去孩子的萬妃悲痛非常，一時間竟神智失常，瘋瘋癲癲。

Q 我的愛情我作主

朱見深對萬妃的寵愛依然只增不減，每天陪在萬妃身邊，彷彿對於這個日漸老去的萬妃永遠都不會厭倦似的。此時的朱見深，才二十一歲，正是少年風流的時候，卻對一個老女人一往情深，著實令很多人大跌眼鏡。但是，咱們的朱見深皇帝可不管別人怎麼想，他認爲我的愛情我做主，何必管別人怎麼想。

萬妃不能生孩子了，於是怕別的嬪妃生子，從而搶走皇上對她的寵愛。她想方設法將皇上控制在自己的身邊，不讓皇帝寵幸其他的嬪妃、宮女。可是，朱見深畢竟年輕，血氣方剛，常常瞞著萬妃在外頭偷腥。雖然萬妃知道，但皇帝畢竟是皇帝，她不能管太緊，於是只能睜一隻眼閉一隻眼。

萬妃不能容忍其他的嬪妃懷孕，每當聽到有誰懷孕，她就立刻派人送上墮胎藥，若有誰不願意墮胎，便賜其死罪，如此一來，朱見深縱然有三宮六院，佳麗三千，但卻沒有一個兒子。

命不該絕的孩子

大臣們聯合起來給他們的皇上上了一道奏摺，奏摺裏寫的是什麼東西？大概就是：「親愛的皇帝陛下啊，放眼後宮，您有三千佳麗，可是您現在卻還沒有一個兒子，這可是一個奇怪的現象！當然臣下不敢懷疑您的能力。臣下猜想應該是您只寵信一個人的結果吧！所以，臣下望請陛下爲了大明的社稷著想，請陛下雨露均施！」

朱見深坐在鏡子面前看著自己已經不復年輕的容顏，不禁感傷道：「我已經不年輕了，但我連一個兒子都沒有啊！」此時，正在爲朱見深梳頭的宦官張敏突然手上一僵。他在糾結是不是要告訴皇上一件事，這件事關係到下一任皇帝的生死存亡，他在賭，賭注是自己的命和背後很多人的命，但他又不得不賭。

張敏對皇上說：「皇上，您已經有兒子了。」朱見深一時沒有回過神來，張敏見皇上怔住了，又說道，「其實，皇上您已經有個兒子了，已經六歲了。」朱見深驚異地望著張敏，彷彿不認識他一般，激動地問：「你說的是真的？他在哪？」張敏這次跪在地上，不言不語。朱見深見他不答話，又急又怒，罵道：「你這狗奴才，怎麼不

回話？」

張敏跪在地上，不敢抬頭，回道：「皇上，奴才知道我很快就要死了，但是只要皇上您爲小皇子做主，護他周全，奴才就是死也無憾了。」皇上怔怔地看他半晌，然後說：「我的孩子，我一定用盡全力保護他的。快告訴我，他在哪？」得到朱見深的保證後，張敏一五一十地告訴了他有關小皇子的事。

六年前的一天，朱見深閑來無事去內藏室逛著玩，忽見一美女，一時色心大起，一個把持不住就寵幸了她，事後就忘記了她。紀氏沒想到這一次意外的寵幸竟然讓她懷孕了。按常理來說，這是一個好消息，俗話說「母憑子貴」，這紀氏雖然出身低微，但她身懷皇子，不管怎樣說也能混個貴妃當當。

朱見深寵愛萬妃已是衆所周知，萬妃的孩子早夭，最見不得的就是宮中別的女人生孩子。她若知道誰懷了孕就會立刻除了誰，絕不會心慈手軟。所以，紀氏此刻十分危險。很不幸的是，萬妃很快就知道紀氏懷了孕，並且派親信來給紀氏送墮胎藥。

紀氏喝藥後沒有感到任何的腹痛和不適，很納悶：爲什麼會沒有任何反應呢？難道是墮胎藥失靈？還是那送藥的宮女憐憫她，讓她喝的不是墮胎藥？不管過程怎樣吧，反正紀氏肚子裏的皇子不僅沒有死，還一天天在紀氏的肚子裏長大，也許這就是人們常說的「命不該絕」吧！

紀氏的孩子出生了，是個男孩。這並沒有瞞過萬妃的法眼，她像母獅子一樣咆哮道：「爲什麼她有孩子，我沒有。爲什麼我的兒子死了，她的孩子卻好好地活著。這不公平，這太不公平了，把他殺掉，把他殺掉……」

萬妃派了一個叫張敏的人又一次來到紀氏那裏，此時，紀氏正沉浸在初爲人母的喜悅中，但是她的幸福是短暫的，看到萬妃派來的殺手，她苦苦哀求他放過自己剛出生的孩子。張敏看著這對可憐的母子，一時動了惻隱之心。

張敏從紀氏手中接過孩子，說道：「孩子在這裏不安全，先交給我吧，我會時常安排你們母子見面的。」紀氏用複雜的眼神看著他，張敏說道：「放心，我不會傷害他。」然後，他逕自抱著孩子走了。張敏找了一間空房子，把孩子偷偷地放在裏面養了起來。

這個孩子非常聰明，大家都非常喜歡他，閑來無事就會逗他玩，這給宮人們的單調生活增添了無限的樂趣。但是，隨著孩子的漸漸長大，大家越來越感覺力不從心了，因爲宮中萬妃耳目眾多，他們擔心遲早有一天萬妃會知道這個孩子的存在。

吳皇后因得罪萬妃被廢，一天在冷宮中無意間得知紀氏生子的事。想到自己的遭遇，她不禁與紀氏有種惺惺相惜的感覺，於是決心盡自己所能幫助紀氏與她的孩子。甭看人家是一個廢后，瘦死的駱駝可比馬大！

在小皇子六歲的生日聚會上，大家做了一個重要的決定，這個決定就是讓皇子認祖歸宗。大家都知道這是在冒險，但是不能不去做，於是就推選張敏去完成這個光榮而艱巨的任務。

朱見深得知自己有一個六歲的兒子，心裏簡直樂開了花，他巴不得立刻見到孩子。於是，他立刻派人去接自己的兒子。終於，他等來了一個孩子，這個孩子頭髮很長一直垂到地上，正跌跌撞撞向自己走來。他立刻上前抱住孩子，嚎啕大哭，一邊哭一邊大笑道：「對，這是我孩子，這是我親生的兒子，他像我。」

朱見深命內閣起草詔書，頒行天下，又命禮部召開全體成員會議讓大臣們替他的兒子起一個名字。很快這個已經六歲的孩子有了自己的名字，他叫朱祐樘。朱祐樘終於認祖歸宗了！

朱祐樘進宮才一個月，他的母親淑妃就因不明原因在後宮突然死亡。不用說大家也都知道她是怎樣死的，那心狠手辣的萬妃恐怕早已恨她入骨，豈能留她在這人世間與自己爭寵？淑妃才沒死兩天，從後宮中又傳來宦官張敏吞金自盡的消息。

周太后爲了保護自己的小孫子免遭萬妃的毒手，主動提出將朱祐樘接到仁壽宮和自己生活在一起。朱見深也很寶貝這個兒子，怕他有所不測，便把孩子交給母親照顧。萬妃忌憚於太后，一時不敢輕舉妄動。

一次，萬妃邀請朱祐樘去她的宮中吃飯，周太后不好拒絕，但在朱祐樘去之前她鄭重地對朱祐樘道：「乖孫兒，去了那裏，千萬記住什麼都不要吃。」朱祐樘果然很聽話，到了萬妃那裏無論見到多麼美味的佳餚，也餓著肚子硬是不吃。萬妃的這一計畫就這樣以失敗告終。

朱祐樘進宮的第二年就被立爲太子，萬妃把這個太子視爲眼中釘肉中刺，想方設法地要除掉他。只要一有機會她就向朱見深吵鬧，要廢掉皇太子朱祐樘，皇帝對這個女人是又親又怕。這個萬妃後又勾結朱見深身邊的宦官梁芳一起攻擊太子，憲宗終被說動了。

朱見深這糊塗皇帝竟去找司禮部宦官懷恩提出要廢掉太子，懷恩一聽就知道這是萬妃在背後挑唆，極力反對廢太子，朱見深非常生氣，竟然不辨忠奸地把懷恩貶到鳳陽去守皇陵。就在朱見深準備再和其他大臣商量廢太子的事時，東嶽泰山發生了地震，朝廷內外一時忙得人仰馬翻，朱見深也顧不上提廢太子的事了。

成化二十三年春，萬妃因病去世。她一直處心積慮要廢掉太子，可惜老天幫著朱祐樘，她不免肝火攻心，得了肝病。明朝醫療條件還很落後，所以這肝病就等於是絕症。萬妃死後，朱見深痛不欲生，親自爲萬妃主持喪禮——按照皇后的規格。不久，朱見深因過度傷心隨著他的萬妃而去了。

＊微歷史大事記＊

正統十二年（一四四七年），朱見深出生。

正統十四年（一四四九年），皇太后立朱見深為皇太子。

景泰三年（一四五二年），朱見深太子之位被廢。

天順元年（一四五七年），朱祁鎮重新奪得皇位，朱見深又一次被立為太子。

天順八年（一四六四年），朱祁鎮駕崩，朱見深登基。

成化元年（一四六五年）三月，流民起義並建立了自己的政權，但很快被鎮壓。

成化二年（一四六六年），萬妃生下皇子，被封為貴妃，不久皇子夭折。

成化六年（一四七〇年），朱祐樘出生。

成化八年（一四七二年），偉大的明代哲學家王守仁出生。

成化十一年（一四七五年），朱祐樘被立為太子。

成化十二年（一四七六年），萬貞兒被立為皇貴妃。

成化二十三年（一四八七年）春，萬貴妃因病去世。

成化二十三年（一四八七年）八月，朱見深在乾清宮去世，時年四十一歲。

第六章

弘治中興

我爹是我的前車之鑑

朱祐樘是明朝第九位皇帝，明憲宗朱見深的第三個兒子。他在即位之前深受自己父親的寵妃萬妃所害，能平安長大並坐上皇位，大概是老朱家八輩子燒高香積得陰德所致！他在位期間，勤於政事，勵精圖治，驅除宮內奸臣，任用王恕、劉大夏等爲人正直的賢臣，使明朝再度出現了中興盛世，史稱「弘治中興」。

成化二十三年三月，朱祐樘結婚了，新娘是當時著名大學的學生——張巒的女兒。張氏溫柔賢慧，是一個難得的好女子。按照慣例，朱祐樘要帶著新媳婦去給她的婆婆們敬茶。這時的萬妃雖然身患重病，但還是接見了他們，她要再看自己最討厭的朱祐樘一眼。

朱祐樘當上皇帝後，真是一刻工夫也不閑著。童年那驚險萬分的生活，他現在想想還心有餘悸，他不想像自己的父親那樣軟弱無能，任由一個女人擺佈。他要改變，改變父親留下的昏暗的政治面貌，打造屬於自己的美好時代。

當上了皇帝的朱祐樘，很快下旨抄了萬貴妃的家，罷免了萬妃弟弟的官，把他關進了大牢。當時很多大臣上奏要嚴懲萬妃的弟弟萬喜，朱祐樘卻淡淡地說了一句「算了吧！」弄得大臣們面面相覷，摸不著頭腦，他們想：這不應該啊，萬妃害死皇上娘親，這等血海深仇，豈能就此不了了之？

李孜省在宮中宣揚修道成仙，到處糊弄人，朱祐樘就先拿他開刀了。雖然他老兄

不想丟了這個好差事——既賺錢又風光，可咱的皇帝老大可不管你想不想走，我是皇帝，我的地盤聽我的，你不想走也得走。話說這個李孜省也太不中用了，還沒開審，就熬不住了，死在獄中。

傳奉官頭目梁芳，和一幫官員勾結操縱官員進退。朱祐樘即位後，立刻拿他開刀了。頭目一死，立刻樹死猢猻散，幾千名傳奉官被罷免了。如此一來，官員的任免、進退就公正得多了。天下貧寒的學生們又迎來了他們的春天。

懷恩爲了保住朱祐樘的太子地位，不惜直言犯上，與老皇帝朱見深據理力爭，終於，朱見深被激怒把他貶到鳳陽去當苦力，才發洩了自己的一腔怒火。朱祐樘對這位大臣可是一直心存感激，好容易等到自己當皇帝了，所以要好好感謝這個老大臣，把他從鳳陽調回京城，讓其官復原職。

吳皇后在朱祐樘還很小的時候，傾盡所有保護他、照顧他，也許當時她的動機不純，但她對自己的關心與愛護卻是真真切切的。她曾是個風光的皇后，只因爲得罪了萬妃而被廢，從此被打入冷宮，一住幾十年。她曾經的花容月貌就這樣消耗在冷宮之中，朱祐樘感念吳皇后的養育之恩，將她從冷宮接出，把她當做親媽媽來奉養。

朱祐樘的皇后是張氏，張皇后是朱祐樘唯一的一個老婆，結婚後他們兩人一直相敬如賓。孝宗和張皇后是一對患難夫妻，婚後兩人每天是同起同臥，讀詩作畫，聽琴觀舞，談古論今，朝夕相對。幾年後，孝宗朱祐樘和張皇后的獨子降生了，這就是後來的明武宗朱厚照。

皇后張氏，興濟人。身處粉黛成群的後宮中，孝宗朱祐樘爲什麼會獨寵張皇后？這樣的情形著實令人費解，但我們仔細想一下便可知其原因：朱祐樘幼年爲避萬貴妃的迫害，六歲以前一直被秘密養育於宮中的安樂堂內，對於嬪妃之間的爭寵吃醋以及隨之而來的宮闈鬥爭，可謂體會深切，有切膚之痛。

張皇后這個人的性格比較活潑，對孝宗朱祐樘有很大的吸引力和約束力。歷史上有些史學家對她的評價是：張后「驕妒」，也就是說張皇后是一個喜歡吃醋的主，她若看見朱祐樘多看哪個美女一眼就會醋性大發，朱祐樘畏妻也就不敢尋花問柳了。而且這個張皇后不是一般人，我們可以從她後來在政治鬥爭中扮演的角色看出。

弘治元年二月，御馬監左少監郭鏞請皇帝預選淑女，等孝宗服除後在其中選兩名女子爲妃。當時的左春坊左庶子兼翰林院侍讀謝遷就上言，大意是說，皇帝您老選妃，自然是應當的，但是，您爸爸憲宗的陵墓尚未完工，皇帝居喪的草廬還是新的呢，怎麼就談起選妃的事來了？孝宗號稱以孝治天下，也就不再談選妃之事了。

弘治元年二月十三日，孝宗朱祐樘帶領文武百官去祭祀先農。二月的天，雖然還有點寒冷，但這個時候已經是春天了，有點乍暖還寒的感覺。老百姓從四面八方不遠

萬里地聚集到朱祐樘去往祭壇的道路兩旁，等待著朱祐樘通過時，好一睹這個新皇帝的尊容，感受一下皇家天子的氣派。

弘治元年二月，孝宗朱祐樘決定舉行耕籍田活動，用來表示他對農業的關心，同時也希望百姓更加重視農業，慢慢提升大明王朝的國力。自古以來「國之本，民也。民之本，農也。」從這一點來看我們不得不說朱祐樘是個聰明人！

李東陽，出生於明英宗正統十二年。李東陽四歲的時候就能寫直徑為一尺的大字，看到的人都驚呼道：「不得了啦，這小子是個神童呢。」後來有官員把李東陽推薦給代宗（**當時是代宗做天子**），這小娃子當即寫下「龍、鳳、龜、麟」等大字，代宗看後也大呼驚奇，很高興地賞給他很多珍奇異物。

明英宗天順八年，李東陽十八歲就考中進士，殿試二甲第一。聰明人就是聰明人，他的頭銜一變再變，官是越做越大了。到了朱祐樘當皇帝時他已經成為了重要的內閣成員。

劉建，也是朱祐樘重要的內閣大臣之一。據說劉建小的時候是一個很木訥的人，喜歡讀書，但成績卻不太理想，於是江湖上的人送他一個雅號叫做「書呆子」。這個書呆子其實並不呆，他在思考，思考人生。這位具有超凡思考力的人同樣具有超凡的判斷能力，他能預知事物的未來走向，並提前做出應對，不可謂不是一個神人啊！

謝遷生於明正統十四年，成化十一年中狀元，於弘治八年入內閣。他不僅讀書讀得多，而且能言善辯，這也是他的與眾不同之處——能侃。這兄弟的口才不是一般的好，只要他一說話，連靠口才吃飯的言官都不是他的對手，真是打敗天下無敵口啊！

孝宗朱祐樘是大明王朝難得的好皇帝，善於納諫，但是，就算是再聖明的皇帝也會被那些曲意奉承的奸佞小人給迷惑。內閣大學劉吉就是這樣一個人，他善於溜鬚拍馬，是一個典型的披著羊皮的狼。朱祐樘被他的僞裝所迷惑，一時沒有看清他的真面目。

劉吉善於討好朱祐樘，以至於在朱祐樘當皇帝的初期他很受寵，當時有人偷偷給他起了個外號——劉棉花，意思是越彈越發。劉吉劉大哥聽後很生氣，後果很嚴重，於是找到給他起外號的人，好好打擊報復了一番。後來，朱祐樘看出老劉大哥背後搞的小把戲，十分窩火，一氣之下把他趕回了老家。

超神童唐伯虎

有個人叫唐寅，字伯虎，後人都稱他爲唐伯虎。想必大家對這個人都耳熟能詳吧！唐寅這小子，是一個比較特別的人，他特別在哪裏呢？特別在這個人很聰明，而

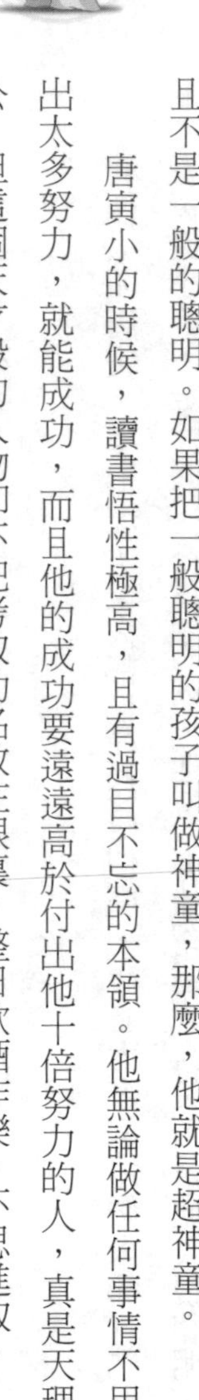

且不是一般的聰明。如果把一般聰明的孩子叫做神童，那麼，他就是超神童。

唐寅小的時候，讀書悟性極高，且有過目不忘的本領。他無論做任何事情不用付出太多努力，就能成功，而且他的成功要遠遠高於付出他十倍努力的人，真是天理不公！但這個天才般的人物卻不把考取功名放在眼裏，整日飲酒作樂，不思進取。

祝枝山是唐寅的好朋友。一天他來拜訪唐寅，和唐寅進行爲期許久的促膝談心，聊天的內容咱們不知道，但是不久唐寅竟變了個人似的，謝絕了來訪的所有客人，開始了閉門苦讀的生涯。

弘治十一年，十八歲的唐寅打算去參加南京應天府舉行的選拔考試，考試前他的一幫哥們爲他踐行。喝酒喝到高興的時候，唐寅突然口出狂言：「今年的解元一定是我。」他的朋友們聽後一笑了之，因爲唐寅有這實力。

唐寅在鄉試中得了第一名，主考官覺得他的文章寫得太好了，就把他的文章留了下來。主考官不僅自己欣賞了一番，還把這篇文章拿給了另一個人看了，這個人就是程敏政。程敏政一看不得了，這唐寅的文章寫得太漂亮了，將來必定是個有前途的人，於是，他把唐寅這個人的名字牢牢記在了心裏。

程政敏，據傳也是一個天才般的人物，後來他做了李賢的女婿，飛黃騰達，平步青雲。最近他又得到了一個好差事，做了此次科舉考試的主考官。作科舉考試的主考官便可以拉攏門生啊！

許經，在歷史上是一個毫不起眼的小人物，正是這個小人物改變了兩個大人物的命運。許經同唐伯虎是同屆考生，不是才子而是個財子。他家最不缺的就是錢，有錢能使鬼推磨，所以這次他也是信心滿滿地來應考。

朱祐樘很重視科舉考試，特別是今年的科舉考試，聽說今年的考題很難，只有兩個人做出來，而且兩人答得都非常好，特別是有個叫唐寅的，文章寫得簡直叫一個絕，將來必是大明的棟樑之才。可是，成績正準備發下去的時候，忽然有人舉報這次科舉有舞弊現象。朱祐樘立刻下令嚴查嚴打，絕不姑息。

唐寅他很狂，說他狂是有原因的。他這個人太有才了，又太年輕，又有才又年輕的人自然就很狂。當他考完試後，他就很狂地放出一句話：「今年的解元一定是我。」正是這句話改變了他的命運。很快一個消息傳來了「唐寅落榜了」！由於涉及科考舞弊，他被貶爲小吏，不得爲官。

許經認爲這次他準能考中，爲什麼他那麼自信呢?原來他發揮了金錢的萬能性，用錢買了考題，雖然說科舉考試的考題是國家一級機密，但是有錢能使鬼推磨。他用銀子買通主考官程政敏家的下人，這不，考題很容易就到手了。可是，他千算萬算竟沒算到自己竟落了榜，這還不算，自己的小動作也被上頭查出來了，被貶爲小吏，不

得做官。

程政敏的前半生可謂風光無限，不想卻因爲一場科舉考試毀了自己的半生清譽。都怪那個許經，既然無才就別學別人做官，還敢賄賂自己的下人張三偷考題，這下事情敗露大家跟著他背了這麼大的黑鍋。最冤的莫過於程政敏和唐寅了，程政敏還好點，唐寅那麼有才就這樣被貶還不得爲官，真是天理不公！

Q 鞠躬盡瘁的皇帝

弘治十五年，歷時六年的《大明會典》修訂成功。這部書共有一百八十卷，記錄了大明王朝建立後所走過的風風雨雨的一百多年的歷程。在這一百多年的歷程中，國家的各項典章制度日趨完善，《憲綱》、《諸司職掌》、《御制官箴》等都相繼頒佈。

孝宗皇帝朱祐樘對鹽法進行了多次的改革，弘治十六年其又將代支鹽的範圍進行擴大。大家都知道，自古以來鹽業都是一個炙手可熱的行業，無論是鹽商還是各級官員都趨之若鶩，因而治理鹽業是一件很困難很棘手的事情。但是孝宗經過一段時間的整治，取得了一定的成效。

朱祐樘信奉佛教，弘治十七年，其決定在朝陽門外修建一座正壽塔。由於前期的努力，國家一片大好形勢，孝宗朱祐樘漸生驕奢之氣，再加上自小受身邊人的影響，其對佛教頗為偏愛。長大後坐上皇位的他對佛教的興趣不減反而越加強烈。他身邊的人投其所好，不斷鼓動他建立很多佛塔、佛壇。

弘治十八年五月初七，年僅三十六歲的孝宗朱祐樘去見先祖了。這位皇帝還沒出生時就磨難重重，雖然有幸活了下來，但是自幼身體羸弱，加上為國為民終日操勞，在三十出頭的時候他的頭髮就已經掉了一大半。以後幾年，他的身體更是一年不如一年，最後油盡燈枯。

成化二十三年（一四八七年）三月，朱祐樘結婚。

成化二十三年（一四八七年）九月，朱祐樘繼承皇位。

弘治元年（一四八八年）二月十三日，孝宗朱祐樘帶領百官祭祀先農。

弘治元年（一四八八年）二月，朱祐樘舉行耕籍田活動。

弘治四年（一四九一年），孝宗皇帝的繼承人朱厚照出生。

弘治六年（一四九三年），朱厚照被立為皇太子。

弘治十一年（一四九八年），唐寅參加科舉考試，

弘治十七年（一五〇四年），朱祐樘修建正壽塔。

弘治十八年（一五〇五年）五月初七，三十六歲的孝宗與世長辭。

第七章

荒唐皇帝

愛玩是我的天性

朱厚照的媽媽張皇后夜裏做夢夢到一條白龍進入她的肚裏，後來就生下朱厚照，巧合的是朱厚照的生日也很特別，他的出生年月日時用干支表示正好是：辛亥年中戌月丁酉日申時。按照時、日、月、年的順序讀恰好與地支中的「申、酉、戌、亥」的順序巧合，這在命理上被稱爲「貫如連珠」，是大富大貴之兆。

朱厚照兩歲的時候，他老爹就迫不及待地立他爲太子了。朱厚照這廝小的時候十分聰明，兩眼炯炯有神，怎麼看都透著一股子靈氣。他無論學什麼，從來都是一點就通，簡直就是一個小天才。朱祐樘和他媳婦看著自己聰明伶俐的兒子，簡直樂開了花。唯一美中不足的是這孩子太活潑，太愛玩了。

朱厚照八歲的時候，大臣們集體建議朱祐樘讓太子朱厚照出閣讀書。此後，朱厚照的身邊每天都會有十幾個官員陪著，這些人都出自翰林院。朱厚照也確實聰明，老師前一天教給他的東西，他第二天就能倒背如流。沒過幾個月他就把宮中各種禮儀全都學會了，並且現場操作時也沒有任何失禮的地方。

弘治十八年，明孝宗朱祐樘死了，年僅十五歲的朱厚照繼承了皇位，從此這個貪玩的孩子換了一個新的工作——皇帝。皇帝這個工作雖然風光，但是不自由，大臣們會每天在他身後唧唧歪歪，告訴他這不能幹，那不能玩。這對於生性愛玩的朱厚照來說，簡直比要了他的命還痛苦！

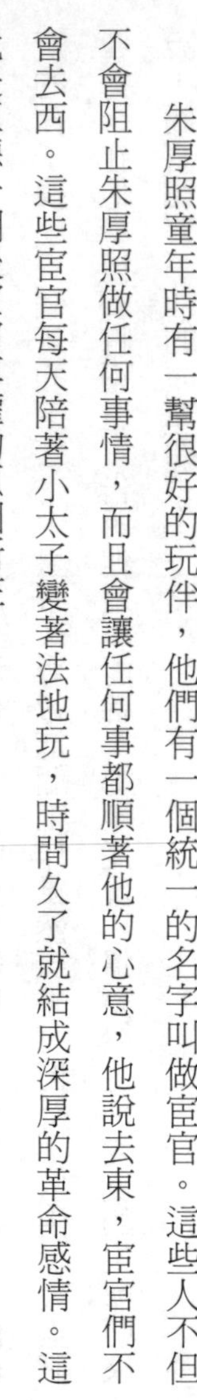

朱厚照童年時有一幫很好的玩伴，他們有一個統一的名字叫做宦官。這些人不但不會阻止朱厚照做任何事情，而且會讓任何事都順著他的心意，他說去東，宦官們不會去西。這些宦官每天陪著小太子變著法地玩，時間久了就結成深厚的革命感情。這就是正德一朝後宦官專權的原因所在。

正德元年八月，按照大明皇室的禮節，新皇帝朱厚照和他的老婆夏皇后舉行了婚禮。夏皇后是一個溫柔美麗的女人，不過朱厚照好像對於這個皇后不感興趣，剛結婚沒多久就又娶了兩個小妾。這老兄對新事物的挑戰性太強，沒過多久，就對兩位新小妾失去了興趣。

在明代，皇帝登基後是必須住在乾清宮的，但是對於朱厚照來說，乾清宮就是一個又大又冷的房子，既不熱鬧又不好玩，於是，他想建一個理想的遊樂場。經過一番考察，他決定在西華門建一個大型娛樂場所——豹房。豹房是朱厚照親自設計的，不僅是娛樂場所，還有佛寺、校場等。

朱厚照好玩樂，整天醉心於玩樂之中，無心打理朝政。大臣們每天天不亮就要起床入宮，他卻總睡到日上三竿還不起床。好不容易來上朝了，還沒等大臣們開始上奏國事，他就三言兩語打發幾句宣佈散朝了。不僅如此，他還經常宣佈停朝。新皇帝的這些行爲引來大臣們的連連意見。

劉瑾，陝西興平人。這位老哥本來姓談，後來投靠了一位姓劉的宦官才得以入宮做起宦官，所以他賣姓求榮，自改劉姓。這個劉瑾可不是一般人，他自幼與朱厚照朝夕相對，形影不離，是朱厚照的忠實玩伴。朱厚照即位後對劉瑾是青睞有加，委以重任。

朱厚照愛鬧，他身邊的宦官朋友就順著他，陪著他鬧。朱厚照一時心血來潮，命宦官們將宮殿佈置成京城集市的樣子，並和他們一起穿上平民的衣服，擺個攤做起生意來。他還命宦官們在宮中開設酒店，裏面不僅有雜耍人在鬥雞逐狗，還有一些宮女在彈琴跳舞，各種活動應有盡有。

朱厚照在位期間廣收義子，短短十幾年的時間內，共收義子一百二十多個，他把這些義子一律全賜朱姓。這些義子來自於全國不同的地方，但無一例外都是品行不端的奸佞小人。在這些人中最受朱厚照寵愛的就數江彬了。

劉瑾是朱厚照身邊的紅人，充分取得了皇帝朱厚照的信任。但他並不是只有一個人，他的身邊還有個七個人，這七個人盡得劉瑾的真傳，溜鬚拍馬、阿諛奉承無一不通。於是，這志同道合的八個人組成了一個組合，組合的名字叫做「八虎」。

焦芳，河南泌陽人，進士出身。這傢伙也不是一個簡單人物，萬安還在內閣管事的時候，由大學士彭華推薦晉升的學士人選，不知怎的，他一不小心漏了焦芳。這兄

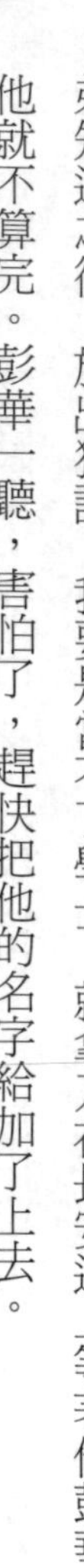

弟知道之後，放出狠話：我要是當不了學士，就拿刀在長安道上等著他彭華，不捅死他就不算完。彭華一聽，害怕了，趕快把他的名字給加了上去。

焦芳中進士之後，很快就加入了劉瑾的「八虎」組合，只是沒有編號，成爲秘密的幕後成員。這廝也算是一個八面玲瓏的人物，人在江湖混哪能不玲瓏呢？他憑藉著自己混世功夫在朝廷內外混得是風生水起。

豹房建好後，朱厚照乾脆直接從乾清宮搬到豹房來住，把朝廷大事都交給了自己的親信劉瑾，完全沉浸於玩樂中。豹房真是一個好玩處，可以分爲五個部分：居住用的密室、辦公用的公廨、遊戲娛樂用的豹房、訓練近衛隊用的教場、進行宗教活動的佛寺。因爲在豹房裏沒有王公大臣的嘮叨，所以朱見深更加肆無忌憚地玩樂了。

馬文升和劉大夏兩位大臣因看不慣朱厚照皇帝的荒唐行爲，並自認爲自己是老資格了，有威望，自信自己的話朱厚照會聽，便去見皇上，好言相勸一番，可這對朱厚照好像不起任何作用。這下兩位老臣火了，硬的不行咱來軟的，他們表示如果皇帝不改正自己的行爲，他們會一直上書。

劉瑾對朱厚照說：「陛下，這兩個老匹夫這樣逼您，簡直太不像話了。您是皇上啊，您想幹嗎，咱就幹嗎，何必受他們威脅。」朱厚照聽了以後很高興，抖起自己皇帝的威風來。於是他下了一道聖旨，大意是：我不想讓你們幹了，你們兩個年紀不小

了，也該下崗了，趕快收拾收拾東西，走人吧！

劉瑾把持朝政，收受賄賂。每位進京彙報工作的大臣都必須給劉瑾送見面禮，不然的話沒等來人回到家，朝廷的罷免令就已經到他家了。所以，每位官員進京之前必須準備一大筆見面禮。當然這見面禮肯定不是官員們自掏腰包，他們以朝廷的名義向百姓徵收，幾年下來，搞得百姓哀怨連連，對朝廷日益不滿。

大臣們對以劉瑾爲首的「八虎」日益不滿，他們害怕如果不有所行動，任「八虎」肆意囂張，大明王朝的未來堪憂。劉健等文官集團決定剷除「八虎」，但是這不是一件容易的事，他們要做一個周密的計畫才行，否則，不僅不能成功的剷除「八虎」，還會使自己身陷險境。

朱厚照收到了一份奏摺，他本來打算按老規矩把奏摺扔進垃圾桶，不想送奏摺的宦官提醒他這一份奏摺非比尋常，是文官集團聯名上書。他以爲發生什麼大事了，打開一看竟是檢舉劉瑾的奏摺，奏摺中列舉了劉瑾及其「八虎」所有成員的累累惡行，眾大臣集體要求立刻殺掉劉瑾。

朱厚照這個小皇帝雖然平時無法無天，天不怕地不怕，但畢竟是小孩子，經不起全體大臣集體上奏的攻勢，只得暫時妥協。於是劉瑾被抓起來了，這廝雖然平時猖狂慣了，但是一看這架勢就立刻害怕了。

大臣們召開了一次會議，劉健和謝遷等人主張立刻處決以劉瑾爲首的「八虎」集團，以絕後患。沉默很久的李東陽，此時發了言，他表示對於劉瑾集團不必嚴打狠抓，只需給一點教訓即可（他怕逼急了狗會跳牆）。毫無疑問他的提議被憤怒的大臣們立刻否決了，他們忽略了太多問題，但是清醒的李東陽此時卻別無他法。

焦芳其實是劉瑾安插在敵人內部的奸細，眾大臣秘密商量如何處置劉瑾的時候，焦芳就在旁邊。焦芳把大臣們的計畫一五一十地告訴了劉瑾和另外七個成員。人多力量大這話一點都不錯，這八個人最後決定求朱厚照，朱厚照擋不住「八虎」的感情攻勢和巧言令色，把他們給放了。

劉瑾坐上了司禮監的位置，劉健、李東陽和謝遷看到得意洋洋的劉瑾，氣不打一處來，立刻向朱厚照遞出了辭職報告，很快報告就被批下來了，劉健和謝遷的報告被批准了，李東陽的報告被駁回了，朝廷也就是劉瑾（此時的朱厚照更不管事了）挽留他繼續留京做官。

很多大臣上書挽留劉健、謝遷，劉瑾對所有上書的大臣處理的方法是一樣的，那就是廷杖。幾十個大臣是上書一個打一個，一直打到沒人敢上書爲止。其中最慘的一個是侍中戴銑，被活活打死了。

劉瑾的權力越來越大，掌控著錦衣衛、東廠、西廠，但是人的欲望是一個永遠

也無法塡滿的溝壑，正德三年九月，他又設立了一個由自己掌控的特務組織——內行廠，這個廠不用經過任何組織、任何個人的批准就可以對一些人進行逮捕、關押、沒收財產、處死等。

有些商人通過買通劉瑾，以達到獲得鹽引的目的，從中謀取個人私利。一時之間朝廷的鹽政大爲混亂。在正德四年十一月，劉瑾卻提出「疏通鹽法四事」，嚴禁商人私販夾帶官鹽和用空文虛引支鹽，這也許是他做的最有良心的一件事了。

王陽明的政治生涯

今天大家都叫王守仁爲王陽明。王守仁是浙江餘姚人，出生於成化八年。他的父親叫王華，成化十七年中狀元。此時的王守仁已經九歲，和全家人跟隨父親離開浙江到北京上任了。王華對他的寶貝兒子管教很嚴，希望自己的兒子長大後能夠有一番作爲。

王守仁也是一個聰明的孩子，十歲的時候就開始讀四書五經了。他的領悟能力很強，總是能舉一反三。但自古以來，聰明孩子都不是令人省心的主，王守仁自然也不例外，據他的老師反應，這孩子聰明倒是很聰明，但是不老實，在教室裏坐不下來，

總是喜歡舞槍弄棒，讀兵書。

王守仁十二歲的時候作了首詩，詩的內容爲：「山近月遠覺月小，便道此山大於月。若人有眼大如天，當見山高月更闊。」他的老爹看了這首詩後，覺得兒子非比尋常，決心要好好引導這個兒子。

王華決定帶兒子王守仁到關外轉轉，這裏的關外是指居庸關。當時的關外經常有蒙古騎兵出沒，王華一介書生帶著年幼的兒子前去是一件非常危險的事，即使如此，王華爲了讓兒子長點見識，還是帶著兒子去了。到了關外，王守仁被關外遼闊的大漠和一望無際的草原震撼了。

王守仁嚴肅地對他老爹說：「經過慎重考慮，我決定向皇上請命，自願爲國效力，掃平外敵，只需給我兩三萬人馬就行。」他老爹一聽，立刻火冒三丈罵道：「就你一個小屁孩，知道個啥，還報效國家？到了戰場小命都保不住。」王華越說越生氣，隨手拿起身邊的書打道，「就你小子敢想，我讓你狂，我讓你狂。」

弘治十二年，王守仁考中進士，被封爲兵部主事。太監張忠因爲王守仁一個文人卻做了兵部主事，很不把他放在眼裏。一次張忠讓王守仁當眾射箭，想讓王守仁出醜。王守仁再三推辭，張忠自然不同意。守仁只得提起弓箭，拉彎弓，唰唰唰射出三箭。三發全中紅心，全軍歡呼，張忠十分尷尬。

王守仁在京城官場上混了三年，就因爲反對宦官劉瑾，在明正德元年被劉瑾賞了四十個廷杖，然後貶到貴州龍場。前往龍場的途中他歷經無數波折，憑著自己的聰明才智，才得以成功逃脫錦衣衛的追殺。

王守仁逃過劉瑾的暗殺，終於到了貴州龍場。但是不來不知道，一來嚇一跳，這個地方簡直比想像的還要差勁，窮山惡水，荒無人煙，簡直就不是人待的地方！王守仁當時簡直不敢相信那裏就是他以後要工作的地方，但是老得不能再老的上屆驛丞肯定地告訴他，眼前的地方就是他的單位，他以後就要在這上班。

王守仁在驛站開始了他艱苦的工作。他和帶來的幾個下人一起修葺房子，親自種植瓜果蔬菜以供自己所需，不然他們可能會被餓死在這裏。他們周圍的人都是苗人，這些人不懂漢語，無法溝通。於是，王守仁耐心地用手語一遍又一遍地和他們交流。他還在這裏開設書院，教這些苗人讀書寫字，學說漢語。

王守仁已經三十七歲了，眼看就要到不惑之年了。看著自己目前的狀況，他不禁悲從中來，少年時的年少輕狂，在今天想來竟讓自己感覺到很可笑。對鏡看著自己漸漸生出的白髮，他有種時不我待的感覺。成爲聖賢是此時支撐他活下去的唯一動力，但痛苦與內心的煎熬讓他痛不欲生。最終，他頓悟了，中華偉大的哲學「心學」由此誕生。

劉瑾闖下大禍

劉瑾想爲國家做一點好事，原來作爲軍屯的土地現在基本都被高級官員中的貪官給霸佔了，於是他向朱厚照進言要公開清查土地，重新劃分，從而增加政府的糧食收入，提高士兵的生活水準。朱厚照一聽是好事也就高興地同意了。

安化王發生叛亂了，爲什麼好端端的會發生叛亂呢？原來這一切都是劉瑾闖的禍。他奏請皇上收回高級官員霸佔的土地，可是這些高級官員都是有兵有槍的厲害主，哪裏是一般人能鎮得住的。寧夏都指揮使何錦與安化王不滿朝廷的這種做法，就起兵造起反來。他們還爲自己找了個理由：殺死劉瑾，爲民除害。

朝廷重新起用曾遭劉瑾陷害入獄的大臣楊一清，命其率兵平反，楊一清從此又登上了歷史的大舞台。八虎之一的張永在這次平叛中擔當監軍。楊一清很快就平了叛亂，叛亂平了之後，楊一清將所有的犯人交給張永，讓他親自押送回境。在共同相處的這段日子裏，兩人互相瞭解，最後結成同盟要剷除大奸臣——劉瑾。

張永在回京的路上打算把安化王造反的緣由告訴皇上，如此一來劉瑾必死無疑。但是劉瑾好像有預感似的，緊緊盯著張永，不給張永與朱厚照單獨談話的機會。最後，張永佯裝喝醉了酒，劉瑾這才放鬆了警惕。張永趁著這個機會，把一切都告訴了朱厚照，朱厚照派人立刻在內勤房抓住了劉瑾。

劉瑾被抄了家，查抄的金銀珠寶不計其數。張永鼓動朱厚照親自前去觀看，朱厚照看到如此多的金銀財寶，不禁嚇了一跳。查抄的過程中還發現了一枚僞造的玉璽，上千幅盔甲武器和劉瑾經常使用的扇子中竟藏有兇器。看到這一切，朱厚照罵道：「這個死奴才，是真的想造反啊！」於是，劉瑾被定了十九條大罪，判凌遲處死。

正德五年八月，安化王朱寘鐇因發動叛亂被處斬了。朱寘鐇一直有異心，同寧夏生員孫景文、孟彬來往十分頻繁。有一次一個叫王九兒的男巫稱朱寘鐇爲「老天子」，說他有帝王之相，遲早會是九五之尊，朱寘鐇聽後十分高興，加快了密謀反叛的步伐。

楊一清平叛有功，被調入中央，擔任戶部尙書，不久之後又接任吏部尙書，從此成爲朝廷重量級人物。而焦芳等人被趕出朝廷，朝廷官員進行了一次大換血，劉黨被一掃而空。李東陽看到劉瑾被剷除了，心願也就了了，於是他請求告老還鄉，獲得了批准。他辭職之後由楊廷和接任他的位置。

愛冒險的皇帝

朱厚照這小子愛玩，且不是一般的愛玩，他總是愛玩那些十分冒險的遊戲。這一次他玩的更大了。要說他去哪玩了，打死你都猜不到。這一次他去了關外，老臣楊廷和不在，這個皇帝就越發膽大了。他趁著夜色，偷偷跑到昌平附近的居庸關，可是守門大將死活不開門，最後，隨之而來的大臣又哭又跪地才把他給勸了回去。

朱厚照的貪玩之心並沒有隨著劉瑾的死而有所改變，隨著年齡的增加，他對以往的遊戲漸生厭倦，不斷地追求更爲驚險刺激的遊戲。正德七年九月，他命人增建新豹房二百餘間，下令太監們捕捉活虎豹供自己玩樂。他最喜歡看的遊戲是勇士與猛獸空手搏鬥。

這時出現了個人叫強尼，是一個武夫。強尼是一個狡猾的人，因爲善於射箭，朱厚照非常喜歡他，賜他國姓，並把他收爲義子。從此之後，強尼就寸步不離朱厚照的左右。他仗著皇帝對自己寵愛有加，在朝廷內外作威作福，一時間，大臣們爭相討好他。

江彬是一個非常勇猛的人，善於騎馬射箭，而且在用兵上非常有能力，常常陪伴朱厚照在豹房裏作樂。一次，朱厚照看別人鬥虎，不禁眼饞，也想要試試，想讓大家見見他的天子雄威。可沒想到他剛一上去就被老虎給咬了，這個時候太監們都嚇傻了眼，只有江彬飛身前去營救，從此以後朱厚照越加親近江彬，而遠離強尼了。

朱厚照基本上都在豹房居住，朝中的事都交給司禮監太監魏彬和大學士楊廷和、梁儲等人打理。朱厚照很喜歡喝酒，和太監們常常在豹房內一起暢飲，喝得大醉。這些太監們常常趁著朱厚照喝醉酒的時候，把一種叫做「罌嚳」的藥放入他的酒中，使其整日沉醉於其中。

火災當煙火

朱厚照喜歡大興土木，宮中的宮殿他雖然不常居住，卻被裝飾得十分奢華，其中乾清宮裝飾的最爲奢華。朱厚照有一個喜好就是每年的正月，把宮中佈置成燈的海洋。那時，僅宮燈這一項，明政府每年就得花費數以萬計的銀兩。

有一年，看管宮燈的人一個沒留神，宮中的燈火把炸藥給引爆了，因此引發了火災。這場火災整整燒了一夜。看到宮中起火，朱厚照竟不管不顧，帶著人逕自去了豹房玩樂去了，臨走的時候他還回頭看了一眼大笑道：「這真是一場大火焰啊！」

寧王朱宸濠是朱元璋第十七個兒子朱權的曾孫。他心懷不軌，劉瑾在位時，常常賄賂劉瑾，劉瑾在朱厚照面前常常說朱宸濠的好話，後來被分派了護衛職務。劉瑾死後，朱宸濠的護衛職務又被剝奪了。朱宸濠又極力拉攏朱厚照身邊的人，不久又恢復了護衛職務。

朱宸濠極力討好皇帝朱厚照，朱厚照喜歡宮燈他就投其所好，每年正月不惜花費金錢買幾百盞各式各樣的燈參加一年一度的燈節，果然這讓朱厚照對他大有好感。朱宸濠在當護衛期間，搶奪他人的土地，收斂錢財，盜竊搶劫無惡不作，卻無人敢管。

朱宸濠用橫徵暴斂的錢到廣東購買皮帳、做皮甲，私制盔甲、刀槍及火器等。不僅如此他還勾結強盜、土匪、無賴等人員。朱宸濠意圖不軌，經常安插親信到皇宮打探消息，還時常聚一些人在自己的府中密謀。朝中很多人對朱宸濠的所作所爲心知肚明，雖然有人向皇上告密，卻並沒有取得什麼效果。

朱宸濠知道朱厚照沒有兒子，便想讓自己的長子在朱厚照死後繼承大統。他的如意算盤打得倒是響，只可惜他的靠山強尼與朱厚照身邊的紅人江彬有過節，他沒能如願。正德十四年朱宸濠叛亂。朝廷派王守仁前去征討，沒過多久朱宸濠一干人等就被活捉，後來朱厚照將朱宸濠燒死，骨灰撒落荒野。

王守仁在平寧王叛亂的過程中可謂立下了汗馬功勞，江彬等人因嫉妒王守仁的功勞，竟誣陷王守仁同朱宸濠是同黨。幸好太監張永算一個正義之士，在朱厚照面前極力替王守仁說好話。朱厚照這廝被搞得有點糊塗了，不知該相信誰好。王守仁一生氣棄官進山當道士去了，朱厚照此時才相信王守仁。

以親征之名，行玩耍之實

朱厚照可不是一般的愛鬧騰，聽說朱宸濠造反了，這廝要親征。其實親征是假，他就是想出去玩，宮中的遊戲他早已玩膩了。當親征的大軍剛到良鄉時，王守仁的捷報就已經傳來了。朱厚照此行的目的在於遊玩，自己剛出來，豈能這麼輕易地回宮，於是他對捷報秘而不發。一路上捕魚打鳥朱厚照是玩得不亦樂乎，可這卻苦了沿途的百姓們！

江彬這廝真不是什麼好鳥，他爲了進一步控制朱厚照，抓住朱厚照貪玩的弱點不斷誘惑其外出，不斷向其誇耀宣府的女樂工如何美若天仙，宣府邊鎮可以盡情地騎馬玩樂。經他這樣一誘惑，朱厚照便長時間在外遊玩而不回宮。

朱厚照在宣府江彬爲自己修建的「鎮國府第」中，玩得不亦樂乎，稱那裏爲「家裏」，荒唐之極。有時他會在夜間闖入民宅，或索要美酒佳餚，或強搶民女，無惡不

作。

芫荾總兵馬昂因爲犯罪而被免官後，知道皇帝朱厚照喜歡美色，就把自己已經出嫁的妹妹奪回，讓江彬將之獻給朱厚照，沒過多久馬昂不僅官復原職了，而且很快就升官了。後來朱厚照聽說馬昂的小妾長得十分漂亮，想要到馬昂家去觀看。起初馬昂不願意，後來見朱厚照生氣了，便主動把小妾獻給朱厚照了。

正德十三年，大明朝最愛鬧騰的皇帝朱厚照在遊玩的過程中相中了晉府樂師楊騰的妻子，於是她成了皇帝的女人。朱厚照回宮時也把她帶回去了，稱她爲劉娘娘。朱厚照對這個劉娘娘的感情可不一般，愛著她、寵著她，凡事都依著她，凡事無論大小只要劉娘娘開口他會一律答應。

一次朱厚照打算去南巡，本想帶著劉娘娘一起去玩，不湊巧的是劉娘娘在這個時候生病了，無奈朱厚照只得先出發了，走之前劉娘娘把自己頭上的一支玉簪交給朱厚照作信物，兩人約好等劉娘娘病好後，憑著這個玉簪來接她與朱厚照相見。

這個劉娘娘也真夠死心眼的，朱厚照在遊玩時一不留神把玉簪給弄丟了，無論如何都找不到了。弄丟了玉簪，朱厚照又惦念著劉娘娘，於是派人去接劉娘娘，但這劉娘娘不見玉簪，死活不跟來人一起走。朱厚照得知後，只得回去親自去接劉娘娘，兩人這才相伴出發。

得到劉娘娘以後，這個風流成性的皇帝彷彿變得專情起來，每天和劉娘娘同出同進，就像新婚夫婦一般。朱厚照這一生所擁有的女人無數，但是只有這位劉娘娘最得其寵愛。

朱厚照四次巡遊到「家」還沒有一個月，就打算去南方遊玩。大臣知道後，集體勸阻皇帝，從上午七點一直跪到下午五點。可是，朱厚照假裝有病，對這些大臣不理不睬。有大臣對皇帝的行爲不滿，發洩了一些牢騷，沒想到這些話傳到了朱厚照的耳裏。朱厚照大怒，罰相關的一百零七位大臣跪在午門之外。最後，在群體的竭力勸阻下，朱厚照取消了南巡計畫。

擊退蒙古小王子

小王子是韃靼部落最爲優秀的人才，也是一位優秀的軍事指揮官。正德六年三月，小王子率領部下五萬人入侵河套地區，擊潰大明邊軍逍遙而去。十月小王子率領部下六萬餘人入侵陝西，搶奪大明人口及牲畜無數……這個小王子可以說是把大明的名將打了個遍，從沒遇到過敵手，厲害程度可見一斑。

後來這個小王子越來越猖狂了。正德九年九月，小王子率領部下五萬人進攻宣

府，然後攻破懷安、蔚州，縱橫百里，燒殺搶掠，無惡不作。

朱厚照喜歡舞刀弄槍，對於軍事十分熱衷，他聽說小王子是一個厲害的角色，尙武的熱血便在體內沸騰著，打算去和小王子ＰＫ一下。可他的大臣們一聽說皇帝要御駕親征，立刻變了臉色，因爲他們想到了「土木堡」。他們深知御駕親征是一件十分危險的事情，所以堅決反對。

但朱厚照還是以最快的速度跑出了居庸關。到了關外的朱厚照一直期待著小王子的出現。正德十二年十月，蒙古韃靼小王子終於出現了。朱厚照一聽立刻興奮了起來，派王動主動迎擊蒙古小王子。在這場戰爭的指揮中，他運籌帷幄，機智勇敢，顯示了非凡的智慧，一改平時的胡鬧態度，最終成功的擊退了蒙古小王子。

Q 大明最具個人色彩的皇帝

寧王朱宸濠的叛亂被平後，朱厚照在返回北京的途中縱情享樂。有一天在蘇北清江浦捕魚作樂時，朱厚照一不小心落入水中。朱厚照身體本來就弱，加上這次落水，便生起病來。在這種情況下，江彬還誘惑朱厚照繼續遊玩，但是朱厚照的身體實在撐不下去了，於是一行人決定回京。

正德十六年三月，朱厚照已經病入膏肓。這個荒唐皇帝一生只重視玩樂，對朝政不管不顧。他在位前期寵幸劉瑾等宦官，使朝政處於極端黑暗之中；後期更加會玩了，寵幸江彬，頻頻外出，浪費大量金錢。

朱厚照這一生是不幸福的，雖然玩了幾十年，但玩得一點都不痛快。他是皇帝，他的一舉一動都有人盯著，不能像其他人那樣可以隨心所欲地玩，想幹什麼就幹什麼。如果他不是生在帝皇家，又或者老爹多有幾個兒子，他的人生就會完全不同。

正德十六年三月的一個夜裏，武宗朱厚照這位喜好玩樂、荒唐至極的皇帝終於走到了人生的盡頭。雖然這個皇帝貪玩、好樂、無賴、尙武，做過無數荒唐的事，但不可否認他是一個極聰明勇敢的皇帝，所以，後人評價他是大明歷史上最具有個性色彩的皇帝。

微歷史大事記

弘治十八年（一五〇五年），孝宗朱祐樘駕崩，他的兒子朱厚照即位。

正德元年（一五〇六年）八月，朱厚照大婚。

正德二年（一五〇七年），朱厚照命人建豹房。

正德三年（一五〇八年）九月，劉瑾建立特務組織——內行廠。

正德三年（一五〇八年），朱厚照住進豹房。

正德四年（一五〇九年），劉瑾嚴禁商人私販夾帶官鹽和用空文虛引支鹽。

正德五年（一五一〇年）八月，安化王朱寘鐇因發動叛亂被處斬。

正德六年（一五一一年）三月，小王子入侵河套地區。

正德九年（一五一四年）九月，小王子進攻宣府。

正德十二年（一五一七年）十月，朱厚照親征打敗小王子。

正德十三年（一五一八年），朱厚照搶佔晉府樂師楊騰的妻子。

正德十六年（一五二一年）三月，朱厚照病入膏肓，不久後駕崩。

第八章

世宗修道

哥修的不是道，是寂寞

朱厚照這廝只顧著玩，沒有時間給大明朝留下一個子嗣繼承大統。現在他老兄玩夠了，拍拍屁股走人了，留下一大攤子破事，可憐了楊廷和這幫老臣了，想當年武宗朱厚照活著的時候就沒少折騰，死了以後還不讓人省心，這年頭當個官怎麼就那麼難呢？

上一任的皇帝沒有留下兒子，這接下來讓誰當皇帝呢？這可是個大難題，國不可一日無君，大臣們忙著尋找下一任皇帝的人選，這可不是一件小事，不能像找演員一樣在大街上看見誰合適就拉誰，皇帝不是一般人，是以後要掌管天下的人，選不好可能會禍害一個國家，所以得慎重。

明太祖朱元璋留下一本《皇明祖訓》，這本書是大明朝皇帝的百科全書，列舉了若干條當皇帝可能會遇到的疑難問題，且配以詳細的答案解析。這朱元璋也太有才，要不然一個農民出身的他怎麼能當上皇帝？當然書中也談到了如朱厚照的這種情況，該情況有一種解決辦法叫做兄終弟及，其實很多王朝都是這樣解決的。

朱厚照是個獨生子（他弟弟很早就死了），沒有兄弟，所以只能找孝宗皇帝朱祐樘的兄弟了。可大家都知道朱祐樘的二媽是個狠角色，朱祐樘的小命差點就丟在她的手裏，朱祐樘的哥哥們沒他那麼幸運，都早早地去見了閻王，而弟弟們也都是不長命的主，都已經不在人世了。

楊廷和想起一個合適的人選，這人是孝宗朱祐樘的弟弟朱祐杬的兒子——朱厚熜。朱厚熜出生的時候，他的父親夢見有一個道士飄然而至，堂而皇之地進入他王妃的寢宮中。朱祐杬大怒而醒，這個時候有下人來告訴他王妃生了，而且是一個男孩兒，這個孩子就是後來的明世宗——朱厚熜。

朱厚熜爸爸興獻王在兩年前去世了，當時朱厚熜才十二歲，之後家中大小事都由他掌管，所以這個孩子少年老成。武宗朱厚照死後，楊廷和就找到了他。楊廷和考慮到朱厚熜從血脈上來看與朱厚照最為親近，而且他年齡雖小，看起來卻很持重，是個能挑大樑的主。

楊廷和大臣們決定以迎立皇太子即位的形式迎接朱厚熜，但朱厚熜不幹了，因為這種形式的潛台詞是：朱厚熜你要當你堂哥武宗朱厚照的兒子。朱厚熜很有骨氣，不肯隨便認爹，他有爹而且他老爹十分疼愛他，雖然他人已經不在了，但他只有一個爹。即使以皇帝的寶座為誘餌，他也只有一個爹。

朝臣們很固執，一直認為自己是對的，所以堅持讓朱厚熜以皇太子的身分登上皇位，雙方陷入僵持階段。最後，朱厚熜拿出自己的殺手鐧——你們若不同意，那我就回家了，不陪你們玩了，我做我的王爺可比做皇帝瀟灑、快活得多。這幫老大臣一聽立刻傻了，於是大家一合計也就勉強同意讓朱厚熜以皇帝的身分進宮登基去了。

楊廷和在新皇上任前，獨攬朝政三十七天，現在朝廷內外基本上都是他的人了。他沒有想到自己千挑萬選的新皇帝竟不是一個省油的燈，剛進宮就給大家一個下馬威，看來這小子不是一個簡單的人物！

正德十六年四月二十二日，朱厚熜從大明門進入紫禁城，順利坐上許多人夢寐以求的龍椅。大明門，可不是一般門，是皇帝只有在登基、大婚、祭天、出征時才可以用的門，所以可以說這個門是皇帝的專用門，一般人不能用，否則要被殺頭的。朱厚熜走進了這個門，也就進入了帝王生涯。

皇帝要登基，在這以前有很多繁瑣的事要做。首先要擬定新年號，大臣們幫朱厚熜擬定的新年號叫做「紹治」，但是朱厚熜對這個年號不滿意，於是自己取了一個「嘉靖」的年號。在一些繁瑣的宮廷禮儀中，朱厚熜登基，成爲大明皇帝嘉靖帝。

嘉靖帝朱厚熜向大臣們提出要接自己的親媽媽進宮，合情合理，大臣們無法反對就只有同意了。但當時他媽媽的身分還只是「興獻王妃」，朱厚熜思母心切沒意識到這個問題，但是該問題很快就來了。

朱厚熜是一個十分有孝心的人，登基沒有幾天他就向朝臣們提出要給自己的爸爸上一個封號。這本來是一件好事，但是大臣們不同意，因爲朱厚熜現在是皇帝了，他不能稱呼興獻王——他的爸爸爲爸爸了，根據規定要改叫叔叔，他也不能稱他的媽媽

爲媽媽了，而要叫嬸嬸。

漢成帝不知什麼原因也是沒有兒子的，於是他決定在宗親中選擇共王的兒子定陶王立爲皇太子，這個皇太子就是後來的漢哀帝。爲了延續共王這一脈，漢成帝又從楚孝王那裏選擇了一個孩子過繼給成王。所以，以前代事例爲參照，朱厚熜要尊孝宗朱祐樘爲爸爸，武宗朱厚照爲哥哥。

朱厚熜可不是一個一般人，別人可以爲了自己的前途改爸改媽，可他不能，他是一個大孝子，不能也不願爲了當皇帝而不要爸爸媽媽。他不願意，以楊廷和爲首的一幫老大臣們，自然也不會輕易讓步，所以這必將是一場持久戰。

大臣們很通情達理，他們想，朱厚熜如果認孝宗皇帝做爸爸的話，那麼興獻王這一脈就後繼無人（因為興獻王只有朱厚熜這麼一個兒子）。於是他們仿照前代的例子想了一個自認爲是兩全其美的方法，他們建議讓益王的兒子朱崇仁代替朱厚熜過繼給死去的興獻王做兒子，順便侍奉朱厚熜的媽媽。朱厚熜對於這個建議很生氣，因爲他不要換爹。

老臣楊廷和是個權威級的人物，他堅決地說道：「敢有異議者，當誅。」自然大臣們都不敢有什麼異議，但是朱厚熜有異議，他堅決表示不要換爹。作爲一個新的領導人，朱厚熜告訴自己要淡定，於是他駁回大臣們的奏疏並讓這些老大臣再找些前代的案例（**潛台詞就是不同的案例**）。

毛澄是楊廷和的心腹，他裝模作樣地等待了幾天，用來表示他確實和眾大臣努力找過了所有的案例了，但找來找去還是這幾個案例。這幫老傢伙還誇張地描述這一決定如何如何符合古禮，如何如何地兩全其美。朱厚熜不傻，他知道這幫老傢伙做事的玄機，但此時也沒有辦法，只好把怒氣暫放在心裏。

朱厚熜決定拉攏楊廷和。要說朱厚熜這小子真是一個天才，他知道拉攏了一個楊廷和，剩下的大臣自然就好應付了。可是，他沒有想到這個楊廷和是個油鹽不進的主，無論自己用什麼優越的待遇誘惑，其都不爲所動。楊廷和可謂是一個正直的人，連皇帝的面子都不給，真有個性。

毛澄是禮部尚書，一天他放假在家閑來無事，這個時候皇帝身邊的太監造訪，二話沒說就對他又跪又拜。毛澄一下就懵了，他邊拉太監起來邊說：「這可使不得啊，您是皇上身邊的人哪能向我下跪，這不是折殺我嗎？」太監哭道：「這是皇上讓奴才做的，請大人體諒皇帝爲人子的一片孝心。」說著還從懷裏掏出一包金子，毛澄一看急了，堅決不收。

這時，禮部的張璁給朱厚熜上了一道奏摺——《正典疏》，這個張璁上學時的專業是「禮學」，也就是說他對禮學的知識爛熟於心。他利用自己的專長對楊廷和的觀

點進行了強有力的反駁。朱厚熜看見張璁就像看到了救命稻草一般，認爲自己一直苦苦堅持的不換父親的事情不再是夢想。

張璁認爲漢哀帝等都是早就被選作皇帝的人選，而被寄養在宮中生活的，都是以過繼的形式做皇帝的，世宗朱厚熜不一樣，他是先皇死後按照祖訓而即位的。因此，他主張「繼統不繼嗣，請尊崇所生」。也就是說，世宗有可以自由認爹的權利。

朱厚熜寫了一封手諭，命令內閣立刻寫出文書，封自己的父親爲興獻皇帝，封自己的母親爲興獻皇后，封自己奶奶爲康壽皇太后。但是首輔大臣楊廷和堅持自己的原則，拒絕了皇帝的詔令。由此可以看出明朝內閣大臣的權力是多麼的大，竟敢連皇帝的旨意都敢拒絕，確實讓人大爲驚奇。

朱厚熜的媽媽本來打算來京城當太后的，但在半路上得知自己不但當不成太后，連兒子都要變成別人的了，不禁大怒，當即就決定不走了。她表示在沒有名分之前她絕不進宮。朱厚熜聽到後，也附和著說：「如果不給我爸媽一個名分，這個皇帝我也不當了。」這麼一鬧騰，大臣們終於決定封朱厚熜的父母分別爲興獻帝和興獻后。

張璁被分配了一個新工作——南京刑部主事。這是楊廷和在故意整治他，誰讓他多言蹚這趟渾水呢？其實楊廷和已經算是很厚道了，如果是其他人，張璁那廝估計小命都不保了，更甭提做官了。所以從某種程度上說，張璁還得感謝一下楊廷和。

朱媽媽——朱厚熜的娘親，並不是一個好打發的主。她對於自己的稱號並不滿意，她表示：不在她的稱號裏加一個皇字，她堅決不甘休。這下楊廷和說啥都不願妥協了，他說：「要加皇字也可以，除非我老楊不幹了，你們愛怎麼做就怎麼做。」一這下輪到朱厚熜慌了，他剛上班沒幾天內閣首輔就罷工了，可讓他怎麼混啊，沒有辦法，這下他只能妥協了。

張璁的離去使朱厚熜陷入了孤立無援的境地，楊廷和要的就是這種效果：你即使想鬧，孤身一人也掀不起什麼風浪。所以，自從張璁被調走之後，一出現支持朱厚熜的大臣，楊廷和就立刻把他調到外地做官。

朱厚熜開始在朝中發展他的自己人，鑒於以前的失敗經驗，此時的他做事越加小心謹慎了。禮部尚書毛澄因重病請求回家養病，皇帝很高興地批准了。後來朝中有一些大臣因爲一些主觀或客觀的原因而離職或貶遷時，朱厚熜總會把握時間進行調整。

張璁被調到南京後，終日鬱鬱寡歡，他以爲他這輩子都將與自己的夢想——入閣無緣了，但是他在這裏遇見一個人，這個人叫做桂萼。這桂萼也是一個不得志的人，他雖然很早就中了進士，但是成績不怎麼好，只考了個三甲，官當得自然不能如意，只做了個小縣令。

王守仁不在京城混後，改行做了老師，做起孔子老先生的行業來。他是一位主張

人性解放的老師，所以他的學生也盡得他的真傳，閑來無事就去管一管閒事。王守仁有很多學生，如黃宗明、霍韜等，這些人相繼加入了張璁的團隊。

朱厚熜回家祭祀他死去的老爹——興獻帝，在祭祀的時候不顧大臣們的反對，堅持以祭祀皇帝的「八㣲」大禮進行祭祀。這種祭祀禮儀就等於在事實上承認了朱厚熜生父的「皇考」地位。

嘉靖二年十一月，桂蕚向皇帝上書，表示現有對皇帝生身父母的稱謂是不合適的，他認爲應該重新議禮。皇帝朱厚熜看到這份奏摺自然很高興，於是找來楊廷和，讓他談談自己的看法，這個時候楊廷和沒有再反對，反而說出一句讓他頗爲意外的話：皇上，我老了，請允許我辭職吧！朱厚熜當場傻了。

楊慎是楊廷和的兒子，正德六年中了狀元。這個楊慎從小就是個神童，少年的時候就已經在江湖上小有名氣。他有一個外號——無書不讀，由此可見他不是一個等閒之輩，所以，他中狀元是理所當然的事。當他得知他老爹辭職的時候，很驚異地問道：「爲什麼？」他老爹卻淡淡地說了一句：「到時候你就知道了。」

楊廷和回老家帶孫子去了，他是應該好好休息休息了，他生命中幾乎所有的時間都消耗在了朝堂之上。他累了，不想再陪朱厚熜這個小皇帝折騰了。而他的兒子——楊慎，這個學富五車的年輕人，將繼續自己父親的未竟事業。

吏部尚書汪俊上書議禮，而這並不是他一個人的上書，這是七十三位大臣的聯名上書。他們聲稱如果皇上再不聽勸，還有八十多封奏摺和二百五十多人等著呢。朱厚熜一看這陣勢，那是一個火大，是可忍孰不可忍。於是他下令讓桂萼、張璁二人進京，他這一次決定和大臣們對抗到底了。

汪俊等人面見皇帝朱厚熜，表明大臣們願意退一步，讓皇帝在他的爸爸興獻帝后名號前加一個「皇」字。嘉靖皇帝朱厚熜聽到這個答案滿意地笑了。汪俊見皇帝滿意了，便提出自己的要求，那就是讓張璁和桂萼不要再來北京了。皇帝高興，事情就好辦，於是朱厚熜派人讓張璁和桂萼打道回府。

張璁給皇帝寫了一封奏摺，大意是：皇上您被汪俊那幫小老兒給唬了，如果您就這樣退讓的話，那麼以後大家仍舊不知皇上您的爸爸是誰！朱厚熜一看奏摺突然醒悟道：「原來我中計了。」於是讓張璁、桂萼繼續進京。

朝中大臣決定用武力解決張璁、桂萼，選擇的地點是皇宮左順門。因為在左順門打死人不用償命，那裏曾經有過先例，當年大臣們曾在那裏群體合作打死過弄權宦官王振的三個同黨，事後代理皇帝代宗也沒有過問，這事就不了了之了。因此大家都默認左順門是一個特殊的地方，就算打死人也不會有人來管。

張璁得知一幫大臣正設計害他們，於是就加倍小心。到京城後，他並沒有急著進

宮見皇帝，而是先躲了起來。而桂萼在張璁之後到達京城，不知道宮中的情況，剛進京就進宮面聖。他不曾想到當自己到左順門就遇見一群大臣操著傢伙向自己聚來，幸虧他機靈跑得快才得以脫離險境。

大臣們紛紛上書要求皇上罷免張璁和桂萼，皇帝得知這幫大臣對張璁、桂萼行兇很生氣，於是反其道行之，利用這個機會給張璁、桂萼升了官，並且嚴厲批評了那些上書的大臣。

朱厚熜在左順門接見各位大臣，並宣讀了一個決定，他決定把自己生身父母的尊號去掉「本生」二字。聽到這個消息，大臣們的大腦立刻短路了。大臣們還沒反應過來呢，張璁、桂萼當即站出來附和皇帝並且大肆指責大臣們沒有人性，不顧皇上的個人感情等等。

大臣們遞交抗議書，可皇上連理都不理。這些老臣一看這架勢，立刻悲憤難耐，數百名大臣一起跪在左順門大哭不止。皇帝一看這情景慌了，即刻命太監傳旨勸退，可是這幫老臣堅持讓皇帝給他們一個說法，否則長跪不起。大臣們強硬，皇帝也不是軟柿子——任人捏。

小皇帝發怒了，這一次後果很嚴重，皇帝命令把爲首的八個人送進大獄，但其他大臣照樣哭跪不起，這下皇帝徹底怒了，他把所有人都送進了大獄。幾天後，處理結果出來了。楊慎等人被發配邊關，四品以上官員罰俸祿，五品以下官員每人賞一百八十個大板，這一打下來，有十幾個人被活活打死。

嘉靖三年九月十五日，皇帝朱厚熜懷著激動的心情昭告天下，稱孝宗皇帝爲「皇伯考」，他的父親興獻帝爲「皇考」，母親爲「聖母」。本來他還打算把他爸爸興獻帝的靈寢遷到北京，但官員們勸道「帝魄不可輕動」，他才沒有行動。

楊慎因爲是「左順門事件」的頭號人物，因此被朱厚熜狠狠地給懲治了一番，兩次御賜的板子打得他是皮開肉綻，幸虧命大才活了下來。經過一番波折他終於到了湖北江陵。朱厚熜對楊廷和父子心存恨意，一有時間就會問楊慎在邊關生活如何，大臣同情楊慎，被問到的時候就會告訴他楊慎的情況很糟糕，朱厚熜聽了很高興。

嘉靖八年，楊廷和因病在老家病逝了，享年七十一歲。楊廷和爲國爲民勞碌一生，晚年有子孫在旁享盡天倫之樂而逝也算幸運的了。楊廷和死後一年，朱厚熜感念他在位期間功高勞苦，爲他正式恢復名譽，使他得到了應有的承認。

楊慎的心態比較好，他認爲人生在世名利金錢都是浮雲，最重要的是怎樣讓自己的人生更有意義。他被流放三十餘年，遊歷於四川與雲南之間，專心寫作著書，研究學問，有很多優秀著作流傳於後世。從整個大明王朝來看，楊慎恐怕是學問最爲淵博的人了。

節省是種美德，也是種救命丹

朱厚熜問內閣學士李時：「老時，這幾年連年出現天災，糧食歉收，咱們國庫的存糧還能支撐多久？」李時很有底氣地回答道：「皇上，咱們國庫還有很多存糧，再支撐個幾年是沒問題的。這都是皇上您的功勞啊！」朱厚熜迷茫地看著李時，李時忙答道，「皇上您剛登基那會下令裁減機構，把閒散人員都淘汰掉，所以才省下那麼多的糧食啊。」

朱厚熜剛當上皇帝那會兒，楊廷和為了給國家節省資源，曾下令裁減機構。他知道這樣做會得罪很多人，尤其是黑道上混的兄弟們，但是，他不得不這樣做，為了國家的繁榮穩定，他個人的榮辱得失又算得了什麼。於是他果斷下令，遣散閒散人員，為國家節省下不少開支。

朱厚熜在鬧饑荒的時候，終於知道楊廷和先生的好了。以前為了給自己的父母爭名分，楊廷和一直和自己對著幹，那個時候朱厚熜真恨這個楊廷和。可是現在他知道當時如果沒有楊廷和，哪裏會有這麼多存糧，民以食為天，沒有糧食再加上連年鬧饑荒，恐怕今天這天下會大亂。所以，他從心底感謝楊廷和。

書中自有黃金屋的見證人

張璁恐怕是議禮事件中最大的受益者，當楊慎被流放時，他被急速升爲二品大臣。認爹成功的朱厚熜此時當然要好好犒勞一下他的有功之臣，雖然他很快地給張璁等人升了官，但他很想讓自己的親密戰友能夠進入內閣。

明朝入內閣是有條件的，入閣候選人要有一定的學歷，最低標準是進過翰林院。而且內閣並不是你有知識有能力就可以進的，要想進還得有內閣成員推薦，毛遂自薦是不行的。但是具備了這些並不代表你就能進內閣了，最後還需要皇帝大人的批准蓋章才能成功。

張璁資歷不高，是個複讀七次的半大老頭了，而其他人就更不用提了，很顯然朱厚熜的自己人資歷是不夠的。皇上雖然可以下旨讓張璁進內閣，但是內閣同樣有權力駁回皇上的旨意，朱厚熜是極要面子的人，這一招不能輕易使用，否則皇帝的面子就要大損，這個他可傷不起啊。

楊一清是個名人，曾經在殲滅劉瑾中立下很大功勞。也許是機緣巧合，張璁在南京時遇見了同在南京的楊一清，他得知張璁要幫朱厚熜認回親爹，對他大力支持。

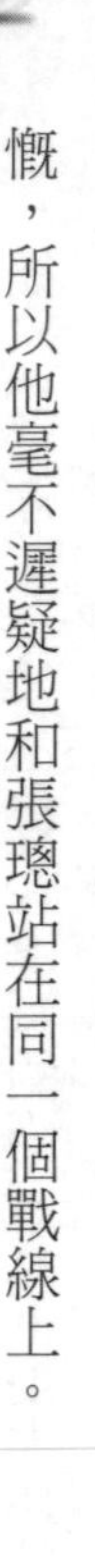

雖然以前他和楊廷和是戰友，但是今天他對楊廷和逼著朱厚熜不認自己的親爹非常憤慨，所以他毫不遲疑地和張璁站在同一個戰線上。

張璁做夢都想自己也可以進入內閣，可是苦於無門路。正當他絕望，想要放棄的時候，想起了一個重量級的人物，這個人就是楊一清。他向朱厚熜推薦楊一清進內閣，結果可想而知。張璁和桂萼成功地把內閣裏對他們有最大敵意的人給逼走了。他們又利用一些手段使楊一清當上內閣首輔，然後經楊一清的推薦他們成功的進入內閣。

張璁這個人是一個典型的忘恩負義過河拆橋的小人，楊一清曾經那麼真心實意地幫他，這小老兒轉眼間就全忘了。他跑到朱厚熜的面前告楊一清的黑狀，可沒想到這一招無異於搬起石頭砸自己的腳，楊一清在皇帝朱厚熜心裏可是超實力的重臣，豈是你張璁能誹謗的？於是，朱厚熜一個生氣把張璁削職查辦了。

但朱厚熜是一個重感情的人，他回憶起張璁曾經與自己並肩作戰，不禁後悔起自己不該一時糊塗把張璁給削職查辦。於是他又下了一道旨意召回了張璁。張璁一回來，不僅不思悔改還更加變本加厲地加害楊一清，最後他給楊一清安了個貪污罪，楊一清聽到後一激動就病了，從此一病不起。

張璁因爲議禮發家致富，世宗朱厚熜對他青睞有加，因此得以步步高升。隨著官位的升遷，張璁的政治野心越來越膨脹，他積極擴大自己的勢力，瘋狂打擊反對他的大臣，一時間權傾朝野。

張璁靠議禮發家，於是有很多人學張璁，一時間天下學士閑來無事就一邊捧著禮學書研究，一邊嘴裏哼著「書中自有黃金屋，書中自有顏如玉」，江西的夏言也是其中的一員。

夏言給皇帝朱厚熜上了一份奏摺，奏摺中他建議皇帝改變祖宗古板的舊制，特別是在祭祀的時候要把天、地、日、月分開來祭。朱厚熜看後十分高興，這正是他心中所想的，他討厭那些和他對著幹的大臣，正想改革傳統禮儀制度，這個夏言就上來這麼一份奏摺，真是正合他心意啊。

朱厚熜召見張璁，給了他一份奏摺說「你好好看看」，張璁不看不知道一看簡直是嚇一跳啊，這份奏摺是一個叫夏言的寫的，奏摺的內容是建議皇帝分開祭祀。這對於別人就是一個無關緊要的事，但是對張璁卻是天大的事。關於禮學他張璁是專家，啥時候輪到他人插足，好你個夏言竟敢搶你爺爺的飯碗。

霍韜是張璁的同黨，在張璁的授意下，他寫了一份奏摺給皇帝朱厚熜。這份奏摺不是議禮的文章而是一份罵人的文章，據考證這份文章罵人語言水準之高堪稱前無古人後無來者。所以皇上看了之後立刻問「這是誰寫的？」霍韜以為皇上要賞他，於

是來到皇上面前回奏道：「這是微臣寫的。」隨即小皇帝怒道：「來人啊，把他抓起來。」

朱厚熜升夏言為四品官員，張璁對皇帝的做法很是不理解。他不知道皇帝唱的是哪一齣，他原認為自己的計畫天衣無縫，借用霍韜的奏摺來罵夏言後，皇上會給夏言的印象大為減分，自然就不會採納他分祀的建議了。

朱厚熜採納夏言的建議，決定祭祀時採取分祭的方式。他命人廣建祭壇，浪費嚴重，在祭祀中各種祭祀的禮儀更是繁多而複雜。而後他又更改太宗廟號為成祖，尊他的生身父親獻皇帝的廟號為睿宗。

張璁因為自己的名與朱厚熜的名同音，為了討好朱厚熜，他主動請求朱厚熜為他改名。於是朱厚熜給他改名為「孚敬」，字茂恭，並且親手寫下他的名字賜給他。可見，朱厚熜對張璁這一舉動很高興，認為他忠心可嘉。

夏言因建議分祭得到朱厚熜的寵愛，從此官運亨通，升官的速度可以與火箭相媲美。這個時候一向得寵的張璁醋興大發，一閑下來就找夏言的事，但這夏言也不是省油的燈，一時間兩人拿出十八般武藝決鬥了一番。

嘉靖十年，夏言又升官了。夏言是個帥氣的美男子，不僅女人們喜歡看，男人們恐怕也不會討厭吧！你要問為什麼？答案只有兩個字：養眼！這個夏言不僅帥還很會說話，所以朱厚熜喜歡他也就不足爲怪了。

張璁嫉妒夏言，嫉妒他帥，嫉妒他奪了皇帝對自己的寵愛。最近皇帝老是當著張璁的面誇獎夏言，他從皇帝的語氣中聽出其要重用夏言的意思便轉嫉妒爲恨，常常在皇帝朱厚熜的面前說夏言的壞話，一次兩次皇帝沒理他，後來次數多了，皇帝就不樂意了，出言斥責了張璁。

朱厚熜以外藩的身分繼任大統，當皇帝後由張太后做主給選中遠城縣學教授陳萬年的女兒爲皇后。陳皇后長得端莊漂亮，又知書達理，結婚之後朱厚熜非常寵愛她，兩人每天形影不離，就這樣過了幾年幸福的二人生活。

但由於陳皇后生性善妒，於是朱厚熜慢慢地疏遠了她。皇帝的選擇比較多，加上朱厚熜生性風流，所以很快後宮中有了很多嬪妃，不僅如此，他還看上了一個宮女，時常寵幸她。陳皇后得知後，醋性大發，利用自己皇后的權力把那個宮女趕出了皇宮，不僅如此，她還跟皇帝朱厚熜大吵大鬧了一番。這樣讓朱厚熜很失面子，他決定從此之後再也不去看陳皇后了。

惹皇帝生氣的後果

嘉靖二年，太監崔文等人在欽安殿修設醮供，請朱厚熜題寫青詞。時年才十幾歲的小皇上感覺這個很有意思，開始對道教產生了興趣。後來，嘉靖皇帝因爲進宮很久仍然沒有皇子，十分苦惱。這時有人推薦邵元節，說他很厲害。朱厚熜聽了之後十分高興，便急召邵元節進宮。邵元節進宮之後，馬上建祈嗣醮，裝神弄鬼了一番。

京師大旱，一連幾個月不下雨。朱厚熜知道邵元節做法靈驗，便要他做法求雨，沒想到幾天之後果然下起了雨，從此朱厚熜對邵元節更加信任了，他加封邵元節爲真人，讓其主管朝天、顯靈、靈濟三個道觀，總領天下道教。他還派人在邵元節的家鄉貴溪建造道院，取名仙源宮，花費了大量的銀子。

邵元節是一個道士，可他不是一般的道士，他是皇帝朱厚熜身邊的道士。朱厚熜十分迷戀修道，爲了長生不老，他對道士邵元節的話言聽計從。陳皇后得罪皇帝後，賄賂邵元節讓他在皇帝身邊替自己美言幾句。邵元節自然是拿人錢財替人消災，他告訴皇帝，如果想要兒子，就應該多到陳皇后那，不出多久皇后必生兒子。

嘉靖七年，陳皇后懷孕了。朱厚熜十分高興，希望陳皇后爲自己生下一個兒子，

如此大明江山就後繼有人了。所以，陳皇后懷孕後朱厚熜幾乎日日去看望陳皇后，兩人彷彿又回到了新婚的時候。

朱厚熜正在和他老婆陳皇后高興地談論他們未來的孩子時，有兩個宮女給帝后倒茶，朱厚熜看見其中一個宮女伸出來的手十分漂亮，不禁老毛病又犯了，他一邊撫摸一邊稱讚道：「好漂亮的手啊！」陳皇后一看立刻火冒三丈，於是推了那個宮女一把，那個宮女手中的熱水倒了朱厚熜一身，陳皇后不僅不道歉反而生氣地對皇帝說道：「請皇帝自重。」

陳皇后很潑辣，皇帝朱厚熜也不是好惹的。他身爲皇帝被陳皇后這樣侮辱，立刻就火大了，皇帝很生氣，後果很嚴重。於是他抬起高貴的腳，賞給陳皇后一個飛腳。這一腳下去可不得了，正好踢在陳皇后的肚子上，很快陳皇后肚子裏的孩子就一命嗚呼了，而陳皇后也因失血過多隨之而去了。

朱厚熜踢死妻兒不僅不自責，反而對死去的陳皇后心懷怒氣。陳皇后死後，他給了陳皇后一個「悼靈」的諡號，同時表示決不讓陳皇后入自己的陵墓。大臣都看不過朱厚熜的這種做法，勸他改變主意，可他不聽。事隔幾年後，大臣又上書勸朱厚熜給已逝的陳皇后改諡號，此時朱厚熜的怒氣消了一點，於是改諡號爲「孝法」。

小氣皇帝臨死之前還在遺囑中吩咐他的子孫不要讓陳皇后和他合葬，事隔幾十

年，朱厚熜這個小氣皇帝還如此耿耿於懷，真是讓人匪夷所思。可是他的子孫並沒有遵照他的遺囑，把他們合葬在了一起，想必死後的朱厚熜如果地下有知的話，一定會跳出來大罵他的子孫。

Q 有個迷信老公的可憐皇后

張皇后是朱厚熜的第二個皇后，就是那個長著漂亮手的張宮女。陳皇后死後，她就被封爲順妃。順妃出身宮女，性格溫順，有了陳皇后的前車之鑒，她對皇帝是言聽計從。朱厚熜十分沉迷於迷信活動，順妃就投其所好，常常陪朱厚熜一起出席活動。

邵元節一直很得朱厚熜的尊敬，順妃就尊稱他爲「邵太師」。這個邵元節想利用皇上身邊的這個寵妃，於是又利用老把戲，說順妃有旺夫相。朱厚熜一向聽這個道士的話，就把順妃封爲皇后。

朱厚熜太愛搞封建迷信了，不管是什麼神，什麼廟，他反正是見神就拜，見廟就燒香。這可坑苦了小張皇后了，她每天陪著這個迷信皇帝穿著禮服陪祭，叫苦不迭。

祭祀蠶神的活動又要到了，這可真讓小張皇后爲難的了，因爲這次祭祀在北京東郊舉行，這距離皇宮相當遠，她必須徒步去，祭祀的當天還要穿上笨重的特質禮服。

這讓我們想想都累，真可憐小張皇后了。更倒楣的是去祭祀的中途，突然下起大雨，小張皇后被淋成了落湯雞，回去就感冒了。

小張皇后向皇帝朱厚熜發出了她生平的第一次抗議。朱厚熜看一向逆來順受的小張皇后竟然也敢抗議了，黑著臉說道：「你翅膀硬了是不是，也有膽子忤逆皇上。」小張皇后實在被折磨得快要瘋了，對皇帝說：「皇上已經夠心誠了，如果各路神仙有知，定會賜福皇上您，可是皇上您連一個皇子都沒有，可見您所做的都是徒勞的。」

朱厚熜是一個陰險的皇帝，小張皇后得罪了他，他表面上並不動聲色，但在背後暗暗搞鬼。當時官員們爲了討好皇帝紛紛從各地進獻靈芝，朱厚熜這個腹黑的皇帝，竟然欺騙小張皇后說靈芝是強身健體、延年益壽的好寶貝，硬逼著她吃。小張皇后吃後，出現了很多不良反應。小張皇后知道皇帝的險惡用心，不禁暗自神傷。

朱厚熜以小張皇后詛咒皇帝爲理由，說她不足以母儀天下，於是下旨廢了她，並打入冷宮。可憐見的小張皇后，在冷宮只待了兩年就悲傷地死去了。

宮女的憤怒

朱厚熜喜歡搞封建迷信活動，而且和大多數皇帝一樣，對長生不老藥的追求幾乎

到了瘋狂的程度。他聽從道士的話用女子的經血、童子童女尿製藥丸，並堅持每天食用。爲了得到更多的經血，他讓宮女們服用活血的藥，折磨得宮女們苦不堪言。

有個叫藍道行的道士告訴朱厚熜露水能夠強生健體、延年益壽。對長壽癡迷的朱厚熜命宮女們天不亮就起來收集露水，長年累月，宮女們大多都病倒了，朱厚熜不僅不憐惜她們還一不如意就隨意處罰，並且時不時想點壞主意整治她們。

張皇后死後，朱厚熜又選了一位嬪妃當皇后。這個新皇后姓方，江寧人。方皇后是朱厚熜的第三個皇后，鑒於前兩任皇后的悲慘結局，這個新皇后更加小心翼翼地侍奉著皇帝，事事順著皇帝的心意，不敢有一點違逆。

曹妃是朱厚熜比較寵幸的一個妃子，長得沉魚落雁，閉月羞花，她是個美人胚子。而且懂得狐媚之術，會唱歌，聲音婉轉動聽，是當時任何一個妃子都不能比的。所以，她理所當然地得到了朱厚熜的獨寵。

王寧嬪在曹妃受寵之前也十分受寵，自從曹妃受寵後皇帝就再也不理她了，於是嫉妒、詛咒隨之而來。所以說，有女人的地方就會有嫉妒，何況後宮是那麼多女人的集聚地？曹妃向朱厚熜說了王寧嬪的壞話，朱厚熜一聽很生氣便罰王寧嬪去采露水。這下，王寧嬪更加恨曹妃了。

朱厚熜得了一個五色神龜交給四名宮女養著，不想第二天宮女去餵神龜時，發現神龜四腿一蹬，死了。這四名宮女當時就傻眼了，心想完了，這下小命不保了。她們一邊哭一邊哀歎自己命苦，這時候一個大膽的宮女站起來對姐妹們說道：「橫豎都是死，倒不如拉著那個可恨的狗皇帝和我們一起陪葬。」

皇帝朱厚熜對待宮女是十分殘忍的，日常不是打就是罵，還變著法地折磨她們，宮女們對這個皇帝早已經深惡痛絕，只是迫於無奈一直隱忍。今天皇帝的神龜死了，想必她們也要陪葬了。可她們有恨，不甘心就這樣死去。於是她們合謀殺死皇帝，不僅是爲自己，也是爲其他死去的姐妹報仇。

王寧嬪無意中得知這四名宮女的計畫，於是立刻向她們大吐苦水，表明自己是和她們站在同一戰線上的，現在她們五人結成五人幫，共謀大計。王寧嬪恨皇帝的薄情寡義，更恨曹妃搶走了自己的一切，於是準備報復。她們決定在曹妃的宮內殺死皇帝，栽贓嫁禍曹妃，從而達到一石二鳥的效果。

嘉靖二十一年十月二十一日的這天夜裏，朱厚熜來到曹妃的寢宮就寢。朱厚熜入睡後，曹妃沒有睡意，便起床去欣賞了一下紫禁城的美麗夜景。可她這一走就出了大事了，王寧嬪等五人就盯著她呢，只等她一出去，就開始實施計畫。

王寧嬪等人拿出事先準備好的繩子，結了個繩套把它掛在朱厚熜的脖子上，然後一個人拉，其他四個人分別按住朱厚熜的手腳，不讓他動彈。可是一個意外情況發生

了，繩套打成了死結，怎麼都收不緊。偏偏這個時候朱厚熜又醒了，他一看這情形，心裏那個害怕，立刻開口喊救命。

這時，一個宮女突然闖進坤寧宮，跪在皇后寢宮門外大聲說：「皇后娘娘，大事不好了……」此時皇后已經睡著了，聽到有人在門外大聲吵鬧不悅道：「是誰在門外大聲吵鬧？」她的貼身宮女回答道：「是曹妃的貼身宮女，說有事要見皇后娘娘。」方皇后想了想說：「宣她進來。」

曹妃有兩位貼身宮女，一個姓吳一個姓張，吳宮女跟著曹妃一起看紫禁城的夜景去了，張宮女被曹妃留在寢宮等著隨時伺候皇帝。正當她想打瞌睡的時候，忽然聽到有人喊救命，仔細一聽竟是皇上的聲音！於是她扒著門縫偷偷一看，嚇了一跳，她看到幾個宮女在謀殺皇上，於是她火速來到方皇后這求救。

曹妃在宮女太監的陪伴下在宮中閒逛了好一會兒，才準備回去。她還沒回到自己的寢宮，就聽見寢宮中傳來嘈雜的聲音，她那個火大啊，拿出皇妃的氣勢道：「嘛呢？這是幹嗎呢？在我宮中吵什麼吵？」可她一進屋就立刻傻眼了，皇帝氣息奄奄地躺在她的床上，皇后怒氣沖沖的看著她。她一看心想：「這下玩完了！」

方皇后當機立斷，先給皇帝傳了太醫救命，隨即又命人把行刺的幾個宮女給抓起來（這個時候王寧嬪早就逃之夭夭了）。經過嚴刑逼迫，這幾個宮女把同夥王寧嬪給供出來了，王寧嬪很快就給抓起來了。王寧嬪痛恨曹妃，於是供認曹妃是她們的同謀，這便是要死也得拉個墊背的。

方皇后救駕又立功，成功地把所有同夥都給揪了出來，其中包括皇帝最得寵的妃子曹妃。這個曹妃仗著皇上對她的寵愛將其他人都不放在眼裏，方皇后早就看她不爽了，這次正好借著這個案件除掉她，誰讓她平時那麼囂張。於是方皇后下令：所有同夥無論主犯還是從犯全部凌遲處死。當然這包括曹妃。

這次朱厚熜雖然沒有丟了性命，但是在床上足足躺了兩個月。當他身體養好之後，方皇后才告訴他，他最寵愛的曹妃也參與了謀殺案，並被凌遲處死了。朱厚熜根本不相信曹妃會要害他，並且認定是方皇后誣陷曹妃並殺死了她，所以對於救他的方皇后不但不感謝，反而記恨在心。

嘉靖二十六年十一月，皇后寢宮著火。太監請示皇上朱厚熜，朱厚熜遲遲不下令救火。後來方皇后被救出，燒傷很嚴重，朱厚熜卻不聞不問。方皇后知道後，明白這是皇上有意想讓她死，心生絕望，很快就死了。方皇后死後，朱厚熜突然良心發現下令厚葬了她，並親自擬好諡號「孝烈」。

海青天

海瑞是大明朝的政治家，皇帝朱厚熜時期的著名清官。正德八年十二月二十七日，海瑞出生於海南，一個美麗的地方。他的爺爺曾經當過知縣，伯父做過監察御史。海瑞的爸爸海瀚是正德年間的廩生，讀書能明大義，安貧樂道。海瑞四歲的時候，他爸爸因病去世，從此家道中落。

海瑞的母親性格很剛強，海瑞的父親死時，他的母親年僅二十八歲，但她堅持不改嫁，獨自撫養海瑞長大成人。長大後的海瑞非常孝敬母親，做官遇到難題時常向母親討教。在母親的親自督導下，海瑞自幼即誦讀《大學》、《中庸》等書。由於母親教得好，海瑞很早就有了報國愛民的思想。

嘉靖二十八年，海瑞中了舉人，被派往福建南平任縣學教諭。他和另兩個訓導迎接提學御史時只有他堅決不下跪，他說這是學校，不是衙門，不應跪接，得到了「筆架博士」的美名。嘉靖二十九年二月，海瑞進京參加會試，結果榜上無名。嘉靖三十二年二月，海瑞又參加了幾次考試，依然名落孫山。

海瑞當了淳安知縣後，首先對淳安進行了大規模治理。他首先懲治了那裏的不法之徒。那時的縣官很多都是貪贓枉法之徒，審判案件時，誰賄賂的錢財多，誰就有理，造成了很多冤假錯案。海大人來到淳安後，把過去積壓的案件查得清清楚楚，老百姓都哭著說淳安來了個「海青天」。

海瑞海大人的生活極爲簡樸，完全不同於當時官場上鋪張浪費的官員。明朝的俸祿在歷代各朝中算是比較低的，官員們因爲俸祿遠遠不夠養活老婆孩子，所以總想方設法從百姓身上撈取錢財。可海大人堅決不多取一分一毫，而是安於貧寒。有一年他的母親過生日，家裏沒錢了，就向朋友借了些錢，到市場買了二斤肉。

胡宗憲是海瑞的頂頭上司，這廝因有嚴嵩當靠山，魚肉百姓，敲詐勒索，做盡了壞事。他的兒子也不是什麼好東西，平日只知道爲非作歹，尋歡作樂。有一次，他帶著一幫人路過淳安，海瑞用普通飯菜招待他，他看不上眼就把飯菜給掀了，命令隨從把送飯的差役綁起來毒打了一頓。

胡宗憲曾裝模作樣地對下屬說：「各縣招待過往官吏不得鋪張浪費。」於是海瑞利用這句話想出了一個對付胡宗憲兒子的好方法。他對下屬說：「總督一向爲政清廉，吩咐各縣招待過往官吏不得鋪張浪費。現在來的這個人要吃要喝，態度蠻橫，一定是個冒牌貨。我可不能讓一個不知從哪裏來的無賴壞了大人的清譽，一定得重重懲辦這個奸徒。」

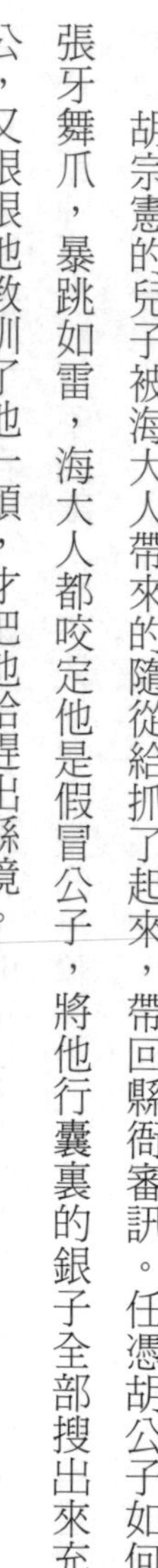

胡宗憲的兒子被海大人帶來的隨從給抓了起來，帶回縣衙審訊。任憑胡公子如何張牙舞爪，暴跳如雷，海大人都咬定他是假冒公子，將他行囊裏的銀子全部搜出來充公，又狠狠地教訓了他一頓，才把他給趕出縣境。

京城裏的一位御史來到浙江視察。這位御史也是依靠著嚴嵩的勢力，一路上到處敲詐勒索，鬧得地方官吏都怕他到來。但他又偏要裝出一副清廉的樣子，預先通知各地官員，說是接待不准鋪張浪費。海瑞接到了這位御史的通知，看透了御史虛僞醜惡的嘴臉，於是故意裝著不明白御史的意思，把這位御史大人氣得吹鬍子瞪眼。

嘉靖四十四年海瑞任戶部主事時，邊境很不安寧。此時朱厚熜已經從小皇帝變成了老皇帝了，但唯一不改的是一如既往地崇信道教，移興土木，勞民傷財，剛愎自用，喜歡別人對他阿諛逢迎，拒絕廷臣勸諫，以致國事日非，民不聊生，怨聲載道。

海瑞爲民請命，寫了一道《治安疏》托人上呈給朱厚熜。在這份奏疏中海瑞直言指控皇帝昏庸無道，要求皇帝整治朝綱，被後人稱爲《直言天下第一事疏》。此疏一出，震驚朝野，極大地觸怒了嘉靖皇帝。海瑞這小子也真是個硬漢，不怕掉腦袋，早早就爲自己買好了棺材，告別妻子兒女，遣散僮僕，並托人幫他料理後事。

海瑞被定罪爲「罵主毀君，悖道不臣」，朱厚熜下旨將海瑞捕入獄中，打了六十大板，又轉到刑部大牢等待處置。結果朱厚熜當年就掛了，他的兒子隆慶皇帝即位以後大赦天下，海瑞獲釋並復官爲戶部主事，後來被任命爲應天府巡撫。此後，他仍然打擊豪強，愛民如子，大力減輕人民負擔，親自帶領百姓修築了吳淞江水利工程，爲民造福。

神醫李時珍

李時珍是個有名的神醫，朱厚熜很欣賞他，請他到宮中一遊。李時珍到東暖閣之後，剛要跪下行覲見大禮，朱厚熜已疾步上前，用雙手將他攙扶起來，說：「李先生不必多禮！朕方才與馬閣老議事，勞你久等，失禮、失禮啊！」

李時珍雖然是個神醫，是個見過世面的人，但見了一國之君的皇帝還是不免有些緊張。朱厚熜看他跪著，於是拉他坐上了繡墩。李明珍雖生性淡泊，從不對權貴折腰，但此刻他面對的是大明王朝百官萬民的君父，被如此禮待，仍讓他無比激動。於是，他小心翼翼地將半個屁股落在座位上，朝著皇上的方向半扭著身子，不敢抬頭直視天顏，這樣的姿勢，真比站著或跪著還要難受。

自西漢「罷黜百家、獨尊儒術」以來，醫學就被人視爲雜學，醫生社會地位低下。因此，李時珍的父親李言聞在家鄉雖小有名氣，卻不主張李時珍學醫，而是讓他埋首書齋，攻讀《四書》、《五經》，想讓其靠八股文章謀個出身。

李時珍十四歲中了秀才之後，接連三次都沒有考中舉人，到了二十歲才不得不打消科舉出仕的念頭，改儒為醫，傳承家學。他學醫的天分非常高，很快就成為當地名醫，被楚王召去武昌給當家庭醫生，後來楚王又舉薦李時珍到太醫院任職。就這樣年紀輕輕的李時珍成為了太醫，算是醫生中的頂尖人物了。

嘉靖二十六年會試，朱厚熜增開制科廣取賢能之士，除開了賢良方正能直言極諫科之外，還增開了很多時務學科，如農經、醫理、算學、格致、經濟等科。李時珍知道後十分高興，於是決定去考試，沒想到一考就考中了，而且被欽點為醫理科進士。

李時珍了卻了老爹當年的一大心願，想必他老爹在九泉之下可以瞑目了。此後，李時珍奉旨到山東萊州救治災民時，不避瘟疫，憑著一手精妙醫術救活了無數百姓。皇上念他勞苦功高，特贈父蔭，追授他的父親為正五品太醫院院正。一門兩代同受封賞，這讓李時珍更對皇上感激涕零了。

自嘉靖二十二年起，京城之中就流傳著一個驚人的消息，說當今聖上上膺天命為九州共主，是古往今來難得的一位明君聖主，所以上天派了許多忠臣良將來輔佐皇上中興大明，連姓名都托夢給了皇上。皇上如今正在按圖索驥，一一把這些人招到身邊為朝廷效力。

李時珍是個醫生，自然不信那些怪力亂神。他在太醫院供職，頭頂「御醫」的炫目光環，治好了不少疑難雜症，所以經常有人來找他求醫問藥。那些王公卿相自己或內眷有恙，不可能屈尊移步到李時珍的寓所，就請他到府上診脈，對他這樣有本事的人十分客氣，少不了要閒談敘話、設宴款待。

李時珍辦完了山東萊州的差事，回京被擢升為太醫院院判，因為在萊州之時曾感染瘟疫，九死一生雖保住了性命，但身體健康卻受到極大的損傷，皇上特下恩旨，准他不必到衙門理事，一邊靜養，一邊安心攻讀醫書鑽研醫術。

呂芳悄悄找到李時珍，請他給太子治病。那段時間，他每日悄然進宮為太子請脈，親自煎湯熬藥，還翻遍了古今醫書，可謂是窮其所學，耗盡精力，卻只能使太子的癲狂之症稍微緩解了一點，未能根治。

李時珍沒有治癒太子的病，皇上不但沒有怪罪於他，反而讓他不必在太子身上耗費太多的精力和時間，命他抽調太醫院太醫為奉調進京整訓的宣府、大同兩軍醫護兵傳授醫術。一邊是被視為國本的太子，一邊是尋常兵將，皇上雖做出這樣本末倒置的安排，但李時珍卻不認為皇上淡漠天親、冷落太子，而認為這是個仁慈的皇上。

李時珍認為人們雖然都有善良的心，卻會犯很多大錯，這是因為歷代本草著作內容多有錯誤，藥物分類未經精心審查，品數既繁，名稱多雜，或一物析為二三，或二物混爲一品，其中不少藥物本身有毒，用的時候要十分小心。

李時珍向朱厚熜提出要辭官，朱厚熜笑了起來：「辭官做什麼？要重修本草，也不必非要辭官啊！」李時珍沒有想到自己的心思竟被皇上一語道破，不禁怔怔地看著皇上，不知道該如何回話。

李時珍在太醫院任職的時候，目的並不在於做官，而是要飽覽皇家典藏的古今醫書脈案。從山東回來之後，他不但經常出入太醫院藥房，還求著呂芳給他個宮裏的腰牌，能隨意出入內廷御藥庫。他就是因爲要立志重修本草，所以才會整天鑽在藥庫裏不出來。

李時珍的家境並不寬裕，每當他行醫的時候，從不索取酬勞，被人傳誦爲「千里就藥於門，立活不取值」。朱厚熜怕他辭了官，將無法生存，以至於一日三餐不繼，不能專心致志地完成重修本草的千秋功業。

朱厚熜讓李時珍去培訓大同、宣府兩軍醫護兵，就是在爲李時珍親自去採藥做準備。李時珍從他們之中挑選了二十名忠厚老實的做自己的助手。這些人既懂醫術，又身強力壯，與李時珍同行，能夠很好地照顧他。朱厚熜授予這些人八品醫正之職，因此他們中沒有人是不願意去的。

高拱是朱厚熜身邊的近臣，深得朱厚熜的寵信，封疆入閣只是時間的問題。朱厚

熄讓高拱給李時珍的《本草綱目》作序。李時珍雖說官職不顯，名氣卻不小，高拱給他的大作作序也不算失了身分，更何況皇上已經賜名賜墨，他更不敢矜持，一邊側身避讓，一邊拱手還禮，說：「能爲李先生大作作序，高某榮幸之至。」

李時珍爲寫《本草綱目》走遍兩京一十三省，把前朝諸家本草中所收的本千五百一十八種藥物逐一考證，並補充收納各類能入藥之物。在藥物分類編目上，李時珍捨棄自《神農本草經》以來，沿襲千年的上、中、下三品分類法，把藥物分爲水、火、土、金石、草、穀、菜、果、木、器服、蟲、鱗、介、禽、獸、人共十六部……

名將戚繼光

戚繼光，山東人，出生在一個世襲軍官的家庭中。戚繼光的父親老來得子，所以對戚繼光的要求很高，讓他從小讀書識字，學習武術。戚繼光出身將門但是家境十分貧寒，父親退休後他們的生活變得更加困難。

嘉靖二十三年，戚繼光的父親戚景通身患重病，知道自己活不了多久了，於是讓戚繼光迅速到北京辦理襲職手續。還沒等戚繼光回到家，他老爹就永遠離開了他，可

憐的戚繼光一把鼻涕一把淚地把父親安葬了，守孝完畢後，他開始了自己爲期四十五年的漫長軍旅生涯。

戚繼光是世襲軍職，年紀輕輕就被皇上拔擢到營團軍任職，南征北戰，東討西伐，一直也沒有機會參加科舉，撈個武進士的功名。

嘉靖中葉以後，東南沿海一帶的倭寇越來越猖狂，特別是浙江、福建兩省由於官兵的征剿不力，倭寇出沒得更加頻繁。當地百姓對這種情況非常恐懼，朝廷也非常擔憂。基於這種情況，朝廷於嘉靖三十四年七月把戚繼光調往東南，管理那裏的屯政。

嘉靖三十六年中旬，倭寇像潮水一般湧來，向南掠揚州、高郵，向北侵略淮安。七月汪直在杭州投降，後來汪直因投降罪被關進大獄，並最終被處死。倭寇愈來愈多，雖對戚繼光等進行四面圍攻，但久攻不下。

嘉靖三十七年，倭寇又進行了大規模的進攻，胡宗憲面對那麼多的敵人嚇得早已失魂落魄，於是接連送了幾頭白鹿給迷信的朱厚熜，避免了朱厚熜對自己的責任追究。

嘉靖三十七年四月，戚繼光得到上司的命令率軍由舟山渡海防守台州，取得了小規模的勝利。那個時候倭寇頭子汪直被胡宗憲給誘殺了，餘部佔領了岑港。大明的軍隊在胡宗憲的領導下，分幾路強攻，這個時候雖然戚繼光率兵加入了戰爭，但是倭寇的老巢久攻不破，就這樣敵對兩方你進我退相持了半年之久。

朱厚熜認爲久攻不下是將帥失職，再加上有小人的挑唆，朱厚熜下令將總兵俞大猷、參將戚繼光等革職，並讓他們戴罪立功，限期一個月讓他們把岑港給蕩平了。不久戚繼光又被復職，他用盡全力殺敵立功，先後在桃渚、海門等地取得了一連串的勝利，充分顯露了自己的軍事才能。

之後倭寇基本被剿滅了，剩下的像烏龜一樣躲在孤懸東海的幾個小島上，成不了什麼氣候。戚繼光奏請朝廷恩准，將兵權交於副手汪宗瀚，自己來到京城應試武科。與他同行的除了東海艦隊麾下那些也要應試武科的軍官之外，還有前年才由東海艦隊經歷官升任參謀長的徐渭。

朱厚熜迷戀道教，在統治期間，朝政腐敗，一心想利用道教來掩飾，用各種「祥瑞」來自欺欺人。各級官員紛紛逢迎皇帝，利用向皇帝進獻所謂的「祥瑞」來升官發財，這讓朱厚熜十分高興，於是一時間各地官員爭相效仿。

朱厚熜對道教的癡迷不僅影響到國家的正常發展，自己也因服用過多丹藥中毒，以至於一命嗚呼，去和玉帝王母探討修道之術去了。這一年是嘉靖四十五年十二月，他在彌留之際還對道教癡迷不已，想要回到自己的家鄉，因爲他認爲家鄉是他的「受身之地」，更利於自己修道。

微歷史大事記

正德十六年（一五二一年），朱厚熜即位，即明世宗。

嘉靖元年（一五二二年），大議禮之爭開始。

嘉靖三年（一五二四年）七月，發生血濺左順門事件。

嘉靖七年（一五二八年），懷孕的陳皇后被朱厚熜一腳給踢流產，大出血而死。

嘉靖八年（一五二九年），楊廷和病逝，享年七十一歲。

嘉靖十八年（一五三九年）二月夜間，陸炳救嘉靖帝脫離火海。

嘉靖十八年（一五三九年），張璁生病去世。

嘉靖二十一年（一五四二年），壬申宮變。

嘉靖二十四年（一五四五年）年初，韃靼首領俺答遞交求貢書。

嘉靖二十六年（一五四七年）十一月，皇后寢宮著火，方皇后被燒死。

嘉靖二十八年（一五四九年），海瑞中舉。

嘉靖二十九年（一五五〇年），蒙古俺答騷擾北京。

嘉靖四十四年（一五六五年），海瑞上書批評皇上，被抓。

嘉靖四十五年（一五六六年）十二月，世宗朱厚熜駕崩。

第九章

隆慶之治

我要做個好皇帝

嘉靖四十五年朱載垕即位，年號隆慶。

朱載垕生於嘉靖十六年，媽媽是杜康妃。朱載垕和他們家老四——盧靖妃所生的載圳，都在他們的哥哥朱載壑被立爲太子的時候，一起被封爲王。朱載垕被封爲裕王，朱載圳被封爲景王。

朱載垕是個沒有什麼野心的人，而他的弟弟朱載圳也就是景王卻是個野心勃勃的人，常常在言談之間流露出自己希望被立爲太子的意思。朱厚熜得到情報，在嘉靖四十年命令景王離開京城，搬到湖北德安所謂的「封地」去住。

朱載垕是朱厚熜的第三個兒子，按照老朱家的規矩是立長不立幼的，所以按一般情況來說他是沒有機會做皇帝的。雖然他的大哥死得早，但是他還有二哥，而且他的二哥很早就被立爲太子。可是命運又一次垂青了他，他的二哥也就是太子於嘉靖二十八年不幸死了。

朱厚熜有八個兒子，但是現在卻只剩下了兩個皇子，老三——朱載垕和老四——朱載圳，皇位的繼承人將從這兩位候選人中選出。朱載垕雖然長於老四朱載圳，但朱載圳的媽媽很受寵，所以說朱載垕的壓力還是不小的。但很快上天又一次厚待了朱載垕，他唯一的弟弟朱載圳也死了，他沒有了競爭者，也就是說皇位他是志在必得。

朱厚熜信道教簡直到了癡迷的程度，他聽信了道士「二龍不相見」的鬼話，堅決不再立太子了，朱載垕聽了這句話心裏的怒氣如山洪一樣，但他知道自己得忍得淡定，於是這個淡定哥平靜地告別了他的皇帝老爹，走出皇宮繼續做他的裕王去了。

朱厚熜死後，朱載垕終於等來了屬於自己的春天。繼承大統的朱載垕開始了自己的皇帝事業。俗話說新官上任三把火，朱載垕的第一把火是整治道士，他對道士的恨源於「二龍不相見」。一時間朝廷的污穢之氣被清除了，政治也清明了很多，百姓的負擔也得到了減輕。總之一句話：這把火燒得好，燒得妙，燒得呱呱叫。

朱載垕是個低調勤儉的好皇帝，平時布衣素食，主張一切從簡。後宮見皇帝如此節儉自然也不敢奢華。有一次朱載垕受到大臣們的吹捧，不禁心花怒放，下令犒勞後宮，既然是犒勞就少不了要拿錢，可是此時皇帝的內庫早已被朱載垕的老爹給揮霍完了，分文不剩，所以說朱厚熜真不厚道，連一毛錢都不給兒子留！

面子是很重要的，尤其是皇帝的面子。朱載垕金口一開，自然沒有收回去的道理，所以他要想方設法地保住面子。於是他不得不厚著臉皮去向戶部要錢，可戶部的頭——馬森是個死腦筋，非得問皇帝要錢幹嗎，朱載垕不好意思地說出來意，聽罷，馬森不僅不給錢還板起臉對皇帝說教了一番，朱載垕只得灰溜溜地回去了，心裏那叫一個鬱悶啊。

朱載垕向戶部要錢沒有要到，窩了一肚子的火，可是大臣們卻對這件事不依不饒，就好像皇帝犯了一件天大的錯事似的。一時間指責的奏摺像雪花一樣飄到朱載坖那裏。其實皇帝也脆弱，看到這種狀況，他剛開始上任時的激情逐漸沒有了。

朱載坖剛當皇帝那會兒，內閣的大學士是徐階、李春芳、郭樸、高拱這四位，都不是一般人。李春芳是揚州府興化縣人，嘉靖二十六年的狀元，脾氣好，而且從不搞貪污腐敗的小把戲。他竭力折沖於徐階、高拱之間，但是沒有什麼效果，於是在隆慶五年辭職回家，侍奉雙親，享受天倫之樂去了。

郭樸是安陽人，嘉靖十四年考中進士，被封爲翰林。這個人非常忠厚，徐階很欣賞他，後來把他引入內閣，但是在感情上他與高拱比較接近。高拱和徐階合不來，不幸的他也被捲入漩渦，但他比較聰明，總是能見機行事，後來在隆慶元年九月辭職回家，盡享天倫之樂。

高拱是新鄭人，中進士後，也被選爲翰林，雖然他入翰林比郭樸晚六年，但他與郭樸幾乎同時入閣，同樣也是徐階所推薦的。高拱這個人雖然是徐階推薦入閣的，但與徐階不和。徐階寫朱厚熜遺詔的時候，沒有和他商量，所以對徐階懷恨在心。

胡應嘉，字祈禮，號杞泉，胡璉之孫，世居淮安府城。應嘉出身書香之家，幼年時便受良好教育，學業大進，青年即中舉，明嘉靖三十五年中進士。開始的時候他擔任江西宜春縣知縣，沒過多久又擔任吏科給事中，後來做了都給事中。

朱厚熜病危的時候胡應嘉跳出來彈劾高拱「不忠」。這個時候高拱動作敏捷，在朱厚熜還沒表態之前就立刻上書爲自己申冤。但是那個時候恰逢朱厚熜處於彌留之際，昏迷不醒，這事也就被壓下來了。

高拱是朱載垕的老師，自從在裕王府就一直與朱載垕不離不棄，相伴十三年之久，可謂是朱載垕的心腹。而大臣張居正又是高拱的學生，也是朱載垕的講官。考慮了很久後，朱載垕決定要給內閣注入新的血液。於是，他令吏部尚書陳以勤和吏部侍郎張居正同時進入內閣。

張居正是江陵人，生於嘉靖四年。他在十二歲中了秀才，十六歲中舉，二十三歲成爲進士，選庶起士，很受徐階的欣賞，後被其收爲學生。張居正當了編修七年，感覺到朝廷貪污腐敗之氣太過嚴重，不願意同流合污，於是非常決絕地稱病辭職，回到家鄉，一邊種竹子，一邊讀書。

張居正在家種夠了竹子，便決定回京做官。這一次他做的官是右春坊右中允、國子監司業。張居正在隆慶元年二月進入內閣，兩個月後升爲「禮部尚書兼武英殿大學士」。第二年正月，他被升官爲「少保兼太子太保」。隆慶四年十二月，他又被升「太子太傅，吏部尚書、加柱國」。

高拱認爲胡應嘉背後應該有後台，要不然他想破腦袋也想不出胡應嘉爲什麼冒著那麼大的危險來告自己。他想胡應嘉背後的人一定是徐階，因爲徐階和自己的矛盾由來已久，在朝中他們兩個的實力旗鼓相當，俗話說「一山不容二虎」，兩個人自然會明爭暗鬥互不相讓。

高拱一怒之下把胡應嘉貶爲平民。眾大臣早就看不慣高拱的所作所爲，於是集體彈劾高拱，無奈的高拱不得不在隆慶元年五月辭官歸家。兩年七個月以後，他又被召回內閣，兼掌吏部，到了隆慶六年，朱載垕去世的時候，他又因爲和張居正不能協調工作，被神宗的嫡母與生母罷了官，沒過多久就死了。

朱載垕還在當王爺的時候，就十分關注國家的邊疆問題，所以他剛坐上皇帝的寶座，就立即任用了當時有名的將領守衛邊疆。他還啓用抗倭名將戚繼光爲都督同知，總管京城門戶防衛與東北邊防，據說戚繼光的車馬陣就是在那個時候發明的。

張居正於隆慶元年以吏部左侍郎兼東閣大學士的身分入閣。到了隆慶二年十一月，宣府總兵官馬芳在長水海子和鞍子山連續打敗俺答取得很大的勝利。隆慶三年正月，大同總兵官趙岢又在弘賜堡大敗俺答。隆慶四年四月，俺答攻大同與宣府，但都被馬芳與趙岢給擋住了。

隆慶四年的下半年，俺答的孫子把漢那吉，帶領部下阿力哥等十人，到大同來投降大明朝。大明官員接受了他的投降，然後報告給上級總督王崇古。王崇古向朝廷建

議，給把漢那吉封官加爵，讓俺答知道，如果俺答答應歸順的話，就叫他把趙全等九個漢奸給捆了送過來；如果俺答不肯歸順，便威脅說要殺掉把漢那吉。

把漢那吉剛娶了一個漂亮的媳婦，還沒來得及樂兩天呢，就被他的爺爺俺答給搶走了。男子漢士可殺不可辱，奪妻之恨必須要報。可是他一沒權二沒勢報什麼仇呢？後來他想到了一個自認爲絕妙的報仇方法，就是自己當叛徒向明朝投降。這廝也是個雷厲風行的主，說幹就幹，很快他就偷偷地向明朝投降了。

俺答得知孫子把漢那吉降明受封以後，被氣得七竅生煙，集合了各部人馬，大舉進攻明朝軍隊，想借機把孫子給搶回來，然後好好教訓教訓他。但是他見到明軍早有防備，便派了一個使者去見明軍將領王崇古，王崇古也派了一個使者前往俺答部，表明大明朝廷的態度。

俺答也不傻，聽了明使的話非常高興。他向使者說：「我其實也不想作亂，都是趙全那廝慫恿我的。如果尊敬的皇帝陛下真的封我爲王，讓我鎭守北方的各個部落，那誰還閑得沒事去作亂呢？等我死了以後，我的孫子就會即位繼續受封，大明朝就是我們的衣食父母，我們一定不會忘記朝廷給我們的恩惠的。」

王崇古把談判的經過報告給朝廷，與此同時提出了具體的封賞辦法。朝廷照王崇古的辦法實行，於隆慶五年三月封俺答爲「順義王」，同時他的部下與兒子等人，都分別被封了官。

趙全等人本來是大明軍隊的人，後來因爲貪慕享樂而投降俺答做起了漢奸的行當。俺答歸順後，趙全等人就被送回到原單位。作爲漢奸，他們自然有特別的待遇。隆慶四年十二月他們被俺答捆了送到明朝，隨後就被斬首了，漢那吉也被明朝送回給俺答。祖孫二人見面後，立刻冰釋前嫌，繼續相親相愛地做一家人。

隆慶六年四月二十五日這天發生了一件大事，朱載垕病危，召高拱、張居正及高儀三人爲顧命大臣。第二天，朱載垕死於乾清宮，死的時候三十六歲，正值壯年。他爲什麼會突然死亡呢？其實朱載垕的死是有原因的，他沉湎酒色，貪圖享樂，過度寵幸塞外美女花花奴兒，以至於早逝。

微歷史大事記

嘉靖四十五年（一五六六年），朱載坖即位，年號隆慶。

隆慶元年（一五六七年）五月，高拱辭官歸家後被召回。

隆慶二年（一五六八年），內閣首輔徐階致仕。

隆慶三年（一五六九年）正月，大同總兵官趙岢在弘賜堡大敗俺答。

隆慶三年（一五六九年），高拱授文淵閣大學士兼掌吏部尚書，正式控制內閣。

隆慶四年（一五七〇年）十二月，張居正被封為太子太傅，吏部尚書、加柱國。

隆慶四年（一五七〇年）四月，俺答攻打大同與宣府。

隆慶四年（一五七〇年）下半年，俺答的孫子把漢那吉投降大明朝。

隆慶五年（一五七一年）三月，大明朝廷封俺答為「順義王」。

隆慶六年（一五七二年），高拱被趕走，張居正與馮保聯手把持朝政。

隆慶六年（一五七二年）四月二十五日，明穆宗朱載坖駕崩。

第十章

悲情父子

就是不讓你當太子

悲情父子

就是不讓你當太子

隆慶六年，穆宗朱載垕駕鶴西歸，同年他的第三個兒子朱翊鈞即位，成爲明朝的第十三個皇帝。第二年改年號爲萬曆。他在位四十八年，是明朝皇帝中在位時間最長的。

嘉靖四十二年八月十七日，朱翊鈞出生在裕王府，是朱載垕的第三個兒子。朱翊鈞的出生給裕王府帶來了歡樂，讓王府張燈結綵，熱鬧非凡。但是這種喜慶的氣氛卻沒有持續多久，因爲朱翊鈞的祖父嘉靖皇帝，並不高興這個皇孫的出世，還產生了一種憤恨的心理。

朱翊鈞的誕生，沒人敢報告皇帝，所以朱翊鈞一直沒有自己的名字。直到五歲時，這個小孩子才有了朱翊鈞這個名字。嘉靖皇帝晚年更加多疑，怕裕王朱載垕威脅他的皇位，所以即使逢年過節都不允許裕王去看他，更不用說平日裏的問候了。

朱載垕是嘉靖皇帝唯一的一個繼承人，按照中國傳統，皇帝老子死後兒子就是要繼承皇位的，所以朱載垕一直都在耐心等待著。嘉靖四十五年，嘉靖皇帝朱厚熜終於掛了，臨終遺言的第一條就是讓裕王朱載垕即位。同年，朱載垕即皇帝位，是爲穆宗，年號隆慶。

隆慶二年朱翊鈞被立爲太子，那時的他才六歲。有一天，朱載垕在宮中騎馬，跑得很快，朱翊鈞對他老爹說：「陛下是天下之主，小心點，別摔著。」穆宗皇帝聽

了，心裏樂開了花，沒想到自己的兒子那麼小就如此懂事、孝順。於是他高興地跳下馬來，把他抱在懷裏，並賞賜給他好多好吃的和好玩的。

陳皇后因爲有病而被安排居住在別的宮殿中，朱翊鈞每天都跟著他的媽媽李貴妃去看望她，陪她聊天。陳皇后非常喜歡聰明伶俐的朱翊鈞，每當聽到朱翊鈞的腳步聲都非常高興，總是勉強爬起來出門迎接他們母子。陳皇后經常拿經書來考他，朱翊鈞總是對答如流，看到如此聰明的兒子，李氏也很高興。由於朱翊鈞的關係，兩宮相處的十分融洽和睦。

朱翊鈞的母親李氏，是一位典型的中國封建社會的賢妻良母。她對兒子的學習和生活要求非常嚴格，如果朱翊鈞不好好讀書就要被長時間罰跪。後來朱翊鈞做了皇帝，她也從未放鬆。由於李氏的嚴格管教以及他本人的努力，朱翊鈞的學業進步很快，學習了不少治國治民的本領。

隆慶六年，朱厚熜去世。十歲的皇太子朱翊鈞穿著喪服接見了大臣們。按照傳統的「勸進」形式，全部官員要以最懇切的語言請求皇太子即皇帝位。前兩次的請求都被皇太子朱翊鈞以父皇剛剛駕崩自己的哀慟無法節制而拒絕。到第三次，他才以群臣所說的應當以社稷爲重作爲理由，勉爲其難地接受他們的請求。

登上皇帝的寶座，朱翊鈞就必須照章辦理各種禮儀。在同樣莊嚴的儀式下，朱翊鈞封他的兄弟叔侄輩中的一些人以「王」的稱號，又封他們的妻子爲「王妃」。而接下來是最隆重的儀式，就是把「仁聖皇太后」的尊號上贈給他的嫡母隆慶的皇后陳氏，把「慈聖皇太后」的尊號上贈給他的生母皇貴妃李氏。

朱翊鈞登基之後，由於皇家的習俗，一種無形的距離存在於太后和皇帝之間，使母子之間的天性交流變得極爲不便。比如不久前朱翊鈞曾下令修慈聖皇太后居住的宮殿，完工之後，她的感謝不是用親切的口吻加以表達，而是請學士寫成一篇文章，讚賞皇帝的孝順，在朱翊鈞下跪時逐句誦讀。

萬曆九年慈聖皇太后爲女兒壽陽公主選駙馬的時候，面對侯拱宸等三位候選人，她選擇了衣冠樸素、戰戰兢兢的侯拱宸，並說：「這小子看著很淳樸，一看就知道他是我們家人啊！」

慈聖皇太后一心想讓朱翊鈞成爲一個有爲之君，因此對他管教很嚴。她和皇帝住在一塊以便隨時督促小皇帝，每當要上朝的時候，慈聖皇太后五更時分便叫他起床。小孩子貪睡，有時候一遍叫不醒，慈聖皇太后就不厭其煩地叫了一遍又一遍，直到把他叫醒爲止。朱翊鈞起床後，太后命太監們爲他洗臉，並催他趕緊上朝。

朱翊鈞在宮中喝多了一點酒，趁著酒興命令內侍唱歌。內侍爲難地說自己不會唱，小皇帝頓時大怒，說內侍膽敢抗旨，拿起劍就刺，最後在其他侍從的勸解下，

玩耍般地割了內侍的頭髮，算是將他們「斬首」了。這件事傳到了慈聖皇太后的耳朵裏。太后非常生氣，命小皇帝在地上跪了很久，歷數他的過錯。小皇帝嚇得鼻涕一把淚一把，請求太后讓他改正錯誤，這事才算完。

小皇帝朱翊鈞在太監孫海、客用的慫恿下喝了酒，又受二人的挑唆將馮保的兩名養子打傷後騎馬直奔馮保的住所。馮保被嚇得只能抱起巨石撐住大門。第二天，馮保將此事稟告給太后。慈聖皇太后立即換上青布衣服，不帶首飾，命召閣、部大臣，要謁告太廟，將萬曆小皇帝廢了。小皇帝嚇壞了，趕緊前去請罪，痛哭流涕一番太后才原諒他。

朱載垕去世的時候年僅三十六歲，而他的兒子中年齡最大的也只有十歲，也就是明神宗朱翊鈞。幼主登基，肯定不能親政，需要一些德高望重的大臣來輔佐，所以這造就了一些大臣手握大權。

內閣大臣張居正和司禮太監馮保二人互相串通把曾經權傾朝野的高拱給趕走了。高拱走之後，皇帝年齡小，無法親政，張居正就當之無愧地坐上內閣首輔的寶座，當時他還有一個榮譽稱號——顧命大臣，從此，開始了十年手握重權的生涯。

張居正是個胸懷大志的人，一直希望自己能夠有所作爲，但是苦於沒有機遇，現在機會終於來了，他終於可以大展身手了。他要改革，這可是他一直以來的夢想！雖然他知道前面的路並不好走，但是依然要朝著那個方向走下去。

明朝中期，土地兼併的問題越來越嚴重，最突出的表現是皇族、王公、勳戚、宦官利用政治特權，以投獻、請乞、奪買等手段，大量占奪土地。在江南，有的大地主占田七萬頃。而大學士徐階一家就占田二十四萬畝。全國納稅的土地，約有一半爲大地主所侵佔，他們拒不繳稅，嚴重影響了國家的財政收入。

貴族大地主們對土地瘋狂掠奪，封建剝削進一步加劇，租種官田的農民苦不堪言。是時，民間傳有「一畝官田七斗收，先將六斗送皇州，只留一斗完婚嫁，愁得人來好白頭」和「爲田追租未足怪，盡將官田作民賣，富家得田民納租，年年舊租結新債」的歌謠。

張居正首先整頓吏治，加強中央集權。他創制了「考成法」，嚴格考察各級官吏貫徹朝廷詔旨情況，並要求地方定期向內閣報告地方政事，提高內閣實權，罷免因循守舊、反對變革的頑固派官吏，選用並提拔支持變法的新生力量，爲推行新法做了組織準備。他還整頓了郵傳和銓政。張居正的爲政方針是：「尊主權，課吏職，行賞罰，一號令」和「強公室，杜私門」。

在軍事方面，爲了防禦女真入寇邊關，張居正派戚繼光守薊門，李成梁鎮守遼東，又在東起山海關，西至居庸關的長城上加修了「敵台」三千餘座。他還與韃靼俺

達汗之間進行茶馬互市貿易，採取和平政策。從此以後，北方的邊防更加鞏固。在未來的二三十年中，明朝和韃靼沒有發生過大的戰爭，這使北方在短時間內免於戰爭破壞，農業生產有一定的發展。

萬曆七年，張居正又以俺達汗爲仲介，代表明朝與西藏黃教首領達賴三世（索南嘉措）建立了通好和封貢關係。在廣東地方，他先後任殷正茂和凌雲翼爲兩廣軍備提督，先後領兵剿滅了廣東惠州府的藍一清、賴元爵，潮州府的林道乾、林鳳、諸良寶，瓊州府的李茂等叛亂分子。

萬曆六年，張居正推薦、起用先前總理河道都御史潘季馴治理黃、淮兩河，並兼治運河。潘季馴在治河中以「築堤束沙，以水攻沙」爲原則，很快取得了理想的效果。萬曆七年二月，河工告成，河、淮分流，花費的費用還沒超過五十萬兩，爲朝廷節約了二十四萬兩白銀。

張居正追求的重點改革是整頓賦役制度、扭轉財政危機。他認爲賦稅的不均和拖欠是土地隱沒不實的結果，所以要解決財政困難的問題，首先要勘核各類土地。於是在萬曆八年十一月，張居正下令清查全國土地。在清查土地的基礎上，張居正推行了一條鞭法，在很大程度上改善了國家的財政狀況。

張居正的改革是艱難的，他冒著生命危險，將個人的生死榮辱置之度外，但所幸的是改革取得了一定的成效：國庫銀子有六七萬兩，太倉的糧食也達到了一千三百多萬石。粗看這些數字也許覺得沒有什麼了不起，但這種成果其實已經算不錯了，要知道在朱翊鈞老爹一朝，國庫空虛，可謂是一窮二白。

張居正當政的時候功高震主，與馮保共同把持著朝政。朱翊鈞小的時候自然樂得清閒，縱情玩樂，可是隨著年齡的增加，他日益急切地想擁有權力，是時張居正仍然手握重權不放，於是皇帝與內閣首輔的矛盾越來越大，衝突一觸即發。

張居正平日對朱翊鈞的要求很高，這讓已經長大成人的朱翊鈞很反感，漸漸地他與張居正開始變得貌合神離。朱翊均很想除掉張居正，無奈張居正的地位非常穩固，朱翊鈞有自知之明也就不去招惹他，轉而攻擊張居正的搭檔——馮保。

馮保，河北省深縣人。嘉靖朝他爲司禮監秉筆太監，隆慶元年在東廠任提督兼管御馬監。當時司禮監缺一名掌印太監，按資歷應由馮保擔任，但朱載垕不喜歡他。大學士高拱推薦御用監的陳洪掌印司禮監。等到陳洪罷職，高拱又推薦掌管尙膳監的孟沖補缺。按照規定，孟沖是沒有資格掌管司禮監的，馮保從此和高拱結下了梁子。

萬曆元年，十歲的神宗皇帝朱翊鈞登基以後，馮保受到了重用，由以前的秉筆太監晉升爲掌印太監，協理李太后負責小皇帝朱翊鈞的教育。朱翊鈞稱馮保爲「大伴」，對他很畏懼。

小皇帝朱翊鈞登基儀式上，馮保始終站在御座的旁邊，滿朝文武大臣看到這種情況很震驚，並心生不滿。高拱見馮保權力越來越大，不能容忍，授意內閣大臣提出「還政於內閣」的口號，組織一批大臣上書彈劾他。馮保抓住高拱曾在朱載垕西歸後說「十歲太子如何治天下」的把柄，向兩位太后告狀，高拱由此被罷了官回家養老去了。

萬曆元年正月十九日，小皇帝朱翊鈞正迷迷糊糊揉著眼睛走在上朝的路上，突然被一個人給撞了。小皇帝因為早起沒睡好心情正不爽，碰上了這麼一個冒失鬼，心中的怒火立刻燃燒起來了。小皇帝命令侍衛把那個冒失鬼給抓起來了，經仔細盤問眾人瞭解到這個人叫王大臣，侍衛們從他身上搜出刀劍各一把，於是他被請到東廠做客去了。

馮保借王大臣這一事件誣陷高拱，他偷偷地讓王大臣招認自己的行動是高拱所指使的。好事不出門壞事傳千里，小皇帝遭謀刺的謠言迅速傳開，大臣們人人自危，誰也不敢上疏替高拱求情。後來都察院左都御史葛守禮、吏部尚書楊博則勇敢的站出來，堅決要求把王大臣一案交由刑部、督察院與東廠共同審理。

張居正被形勢所逼，只好請示小皇帝朱翊鈞，小皇帝下旨讓馮保和左都御史葛守禮，錦衣衛左都督朱希孝三部會審。這個案件很快就結案了，高拱的冤情被洗刷，王

大臣則被處以死刑。王大臣一案使得馮保惹惱了朝中眾臣，大家對他誣陷高拱的險惡行徑非常唾棄。

朱翊鈞的生母慈聖皇太后看到自己的皇帝兒子已經長大成人了，於是決定放手還政給朱翊鈞，讓他真正挑起大樑。從此，慈聖皇太后悄然隱退，再也不過問政事了，事情的發展對張居正越來越不利了起來。

馮保雖然有一定的權力，他終究是皇帝身邊的一個奴才，即使做牛做馬般地在皇帝身邊侍奉了二十年，但他在皇帝眼裏依然是一個奴才。既然是奴才，皇帝就可以隨心所欲地處置，雖然馮保一向做事小心翼翼，可是皇上不高興了，說你有錯你就有錯。所以，老馮同志在皇帝身邊的日子越來越難過。

東宮老太監張鯨趁機揭發馮保的過錯和罪惡，請求皇帝處置馮保，但朱翊鈞害怕，說：「如果大伴走上殿來，我如何辦？」張鯨說：「既然有了聖旨，哪敢再進宮殿！」朱翊鈞聽從了張鯨的話，把馮保遣到南京新房閑住，抄了馮保的家。

張居正因爲過度勞累突然生了痔瘡，而且久治不癒，最後權赫一時的他因爲痔瘡而斷送了自己的生命，真是傷不起！這聽來讓我們感覺很可笑，因爲痔瘡在我們現代只是一個小病而已，但古代的醫療條件比較差勁，再加上張居正大人憂國憂民，在生病時沒有靜心休養，最終一命嗚呼！

張居正的改革觸動了很多的官僚、權貴的利益，所以很自然地遭到了強烈的反抗。張居正死後，很多反對派立刻亢奮起來，群起攻擊張居正，加上朱翊鈞想要報復張居正在當權期間對自己的束縛，就這樣張居正成了改革的犧牲品，他的家產被抄沒，家屬或被流放或死於非命。

張居正的某些改革的成果雖然被保留下來，但是大部分已經被廢掉了。他的改革就像一道光，在明朝走向沉暮的歷程中一閃而逝，但這並不能阻止大明朝日漸衰落的步伐，因爲大明朝已經到了積重難返的地步。

朱翊鈞親政後做的第一件大事，就是清算已死的張居正，因爲張居正在朝堂上爲所欲爲，不把他這個皇帝放在眼裏，並且生活糜爛。他不僅住著豪宅，佔據著嚴嵩留下來的別墅，還享用著戚繼光奉送的波斯美女，而他手下的人也有經濟問題。張居正對皇帝太嚴厲，太苛刻，不允許皇帝多花錢，自己卻揮霍無度。

張居正死後，朱翊鈞並沒有能力撐起大明朝的這片天。也許是從小被壓迫的太過火了，突然沒人管制後，朱翊鈞徹底地放鬆起來，他開始不理朝政，整天只顧著尋歡作樂。最後玩得開心了，竟然長期罷工。皇上的心思很難猜，沒權的時候整天叫著嚷著要權，有權的時候卻開始消極怠工。

洞房花燭夜

萬曆六年，年滿十六歲的朱翊鈞就要做新郎了，對於男人來說，人生最激動人心的時刻莫過於金榜題名時、洞房花燭夜。雖然朱翊鈞當皇帝那麼久，行事都非常淡定了，但是對一個年輕人來說，結婚仍然是件令人激動興奮的事。於是結婚之前朱翊鈞認真地做了些準備。

萬曆六年二月十九日，是皇帝正式大婚的好日子，紫禁城內處處張燈結綵。迎親隊伍的陣容可謂是空前絕後，京城內熱鬧非凡，迎親的道路上擠滿了前來看熱鬧的人民群眾。

朱翊鈞的皇后我還沒介紹呢，她是誰？她就是王喜姐。這個王喜姐生於京師，長於皇城之下。她的老家是浙江余姚，後來由於爸爸王偉發達了所以就來到了京城。不知王家的祖宗們積了多少德，居然修成了王喜姐這個大明朝的皇后。

一切儀式之後，朱翊鈞終於可以看到他的新娘了，雖然新娘還蓋著紅頭巾，但終歸是見到人了。朱翊鈞一個激動牽住皇后的手一同進入內殿（即洞房），等兩人喝下了交杯酒後，朱翊鈞終於看到了自己朝思暮念的新娘了。四目相對，朱翊鈞不禁仔細

打量起自己的新娘來。

王皇后是北京長大的女子，同朱翊鈞一樣，發育沒有完全成熟，臉上的稚氣還未盡，但是她身上兼有北方女子的體態和江南姑娘的嫵媚清秀，一顰一笑，一舉一動中透露出來的端莊、賢淑，使新郎朱翊鈞非常滿意，一對新人沉浸在新婚的甜蜜之中。

有人歡喜有人愁，大婚的喜慶之夜，有兩位悲情的女人，她們是昭妃劉氏和宜妃楊氏。按照明代的規矩，皇帝大婚，照例是一后二妃，朱翊鈞在選定王氏爲后的同時，也選她倆爲妃子。新婚之夜，朱翊鈞與王氏柔情蜜意，同床共枕，而她倆卻只能獨守空房，以淚洗面。

朱翊鈞結婚後，他的生活發生了很大的變化，最主要的是他的老媽、慈聖皇太后李氏搬出了乾清宮，從此自己身邊少了一個管教嚴厲的人。此後，朱翊鈞開始漸漸放鬆自己，被壓迫太久的人一般都比較叛逆，朱翊鈞也是這樣，我們可以從他親政以後長期消極怠工看出一二。

隆慶年間，慈聖皇太后的名分是皇貴妃，居住在慈寧宮。孝皇后陳氏，即後來的仁聖皇太后，因體弱多病，又無子嗣，在先皇朱載垕在世時，就已從乾清宮遷到慈慶宮居住，朱載垕每晚侍寢的妃嬪都是臨時宣召的。朱翊鈞嗣位後，李氏尊爲慈聖皇太后，由張居正出面奏請，以皇帝年齡小，需要照料爲由，搬進乾清宮。如今乾清宮的女主人皇后王氏來了，李太后就很識趣地搬回了慈寧宮。

朱翊鈞的皇后王氏長得十分漂亮、做起事來也十分小心，但她不善迎合朱翊鈞，加上身體多病，所以在生下皇長女後一直被皇帝冷落，尤其是後來的鄭貴妃「霸佔」了朱翊鈞後，她的皇后地位更是岌岌可危。在如此不利的情形下，王皇后能夠穩居中宮四十二年之久，不得不說是一個傳奇。

王皇后敢於面對現實，不攀比、不爭鬥。鄭貴妃雖然入宮稍晚，卻得到了神宗的百般寵愛，就好像她是後宮之主一樣，而身爲皇后的王氏，待遇遠不如鄭貴妃，各種供給也很差。鄭貴妃爭寵，王皇后有自知自明，有意採取不和她爭寵的策略，這一方面反映出了她對事對物的超然態度，另一方面顯示了她作爲皇后的大氣量。

王皇后還特別注重尊長愛幼。李太后多年守寡，生活冷清，王皇后總是給予其無微不至的侍奉和照顧，三十多年如一日，從而得到了李太后的極力保護。皇長子朱常洛被立爲太子後，因爲受到鄭貴妃的多次陷害，災難此起彼伏，王皇后總是設法救援，使朱常洛多次倖免於難。她與鄭貴妃天壤之別的做法，讓她贏得了宮內外人士的廣泛讚揚。

明朝選宮女的標準是凡年十三四歲或者再小一點的女子都可列在被選範圍之內，但是她們的父母必須是有家教、善良有德的人。而選后妃的標準是：相貌要端正，眉清目秀，耳朵鼻子不能怪異，牙齒要整齊，頭髮要又黑又亮，身上不能有疤痕，要善良，言行要有禮。所以選宮女的標準跟選后妃的標準是不同的。

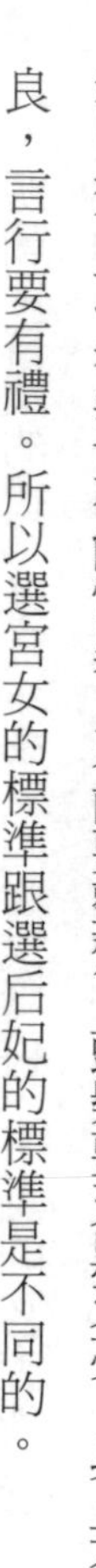

最風流的男人

世界上最風流的男人就是皇帝，這話一點都不錯。皇帝有資本，有錢又有權，而且後宮三千佳麗隨時都爲他準備著，他自然樂於享受了。一次朱翊鈞看上了一個王姓宮女，寵幸之後就拍拍屁股走人了。按照皇家規矩，皇帝在私幸之後就該賜一物件給王氏，作爲臨幸的憑證，這一舉動已被文書房的內宦記入《內起居注》，因爲皇帝的子孫是不許有贋品的。

朱翊鈞是皇帝，自然沒有人會因爲這件事去指責他，但年輕皇帝卻感到此事不大光彩。他不顧王氏那哀怨的眼神，穿衣束帶後逕自走出慈寧宮。朱翊鈞覺得一切都會隨著時間的流逝後而永遠消失，就像不曾發生過。可他萬萬沒想到，在一夜風流後，王氏懷孕了。

王氏懷孕後，肚子沒幾個月就顯出來了，這樣的變化自然瞞不過太后的法眼，慈聖皇太后一番嚴加審問後，王氏戰戰兢兢地說出了實情。慈聖皇太后也是宮女出身，因爲生下皇子朱翊鈞才被封爲妃子，所以這位老太后面對此情此景，想起自己作爲宮女時的苦難與辛酸，對王氏的境況深表同情，同時也爲自己即將要有孫子這件大喜事而十分開心。

朱翊鈞陪著他的老媽慈聖皇太后參加酒宴，正吃喝得高興的時候，太后向朱翊鈞問起他與王氏的事，朱翊鈞毫不猶豫地否認了。慈聖皇太后見朱翊鈞否認，氣不打一處來，立即命左右太監取來《內起居注》，叫朱翊鈞自己看。鐵證如山，坦白從寬，抗拒從嚴，朱翊鈞只得無奈地承認了。

慈聖皇太后也是心疼兒子的，她看著兒子失魂落魄的樣子，勸道：「我老了，想抱孫子了。如果王氏生的是兒子，那就是我們老朱家的福氣啊！如果真是這樣的話，你也要好好對待王氏，不要因爲她的身分低賤而對他們母子有所成見。」在慈聖皇太后的強烈要求下，朱翊鈞終於認下了王氏肚子裏的孩子了。

王氏果然不負太后的厚望生下一個男孩，而王氏也母憑子貴被封爲王恭妃，而她生的這個男孩就是一生遭萬曆冷遇和歧視的短命皇帝——光宗朱常洛。朱翊鈞終於有了自己的第一個兒子，這在這個封建思想極爲濃厚的社會中，是一件天大的好事、喜事。所以，皇帝下詔全國減稅免刑，派使節通知和本朝關係友好的域外邦國……

鄭氏是明神宗朱翊鈞的貴妃，大興人，長得十分漂亮，在偌大的大明後宮裏算

是很拔尖的。這個女人不僅漂亮而且十分聰明，喜歡讀書，是個有城府的女人。由於善於逢迎皇帝朱翊鈞，所以她不久就得到了朱翊鈞的寵愛。萬曆十一年她被加封爲貴妃，地位甚至躍居已生有皇長子的王恭妃之上。

母以子爲貴，按說已生有皇長子的王恭妃，地位應該略次於皇后，除皇后之外，沒有一個有資格可以位居其上的。可是鄭貴妃進宮沒多久就受到了朱翊鈞的寵幸，而且很快就被冊封爲貴妃，位於皇后之下、諸嬪妃之上，這是不符合禮數的，於是大臣們不願意了。

朱翊鈞看到雪片般的奏摺就頭痛，坐也不是，站也不是，正在不知如何是好的時候。旁邊的鄭貴妃說了句：「既然陛下您沒有辦法處理它們，那麼就把這些奏章一概留中（皇帝對大臣的奏章留在宮中，不批辦）吧，看看那些老匹夫能怎麼樣？」神宗一聽覺得是個好主意，誇道：「愛妃，你簡直是太有才了，好，就聽你的。」

鄭貴妃於萬曆十四年生下一個兒子，這就是朱翊鈞的第三個兒子朱常洵。對於這個兒子的出生，朱翊鈞十分高興。隨後，母以子貴，鄭貴妃晉升爲皇貴妃，皇貴妃是僅次於皇后的封號，在名分上高出皇長子母親恭妃兩級。就這樣，鄭貴妃在宮中地位就更加穩固了。

鄭貴妃是個有野心的女人，皇貴妃並不是她的終極目標，她的最高願望是爭得皇帝的寵幸，當上皇后，從而光耀自家門楣。但鄭貴妃也知道，如果要達到自己的目的，首先要把自己的兒子推上太子之位，然後母憑子貴，讓自己做皇后，而自己目前最大的障礙就是皇長子朱常洛。

朱翊鈞不喜歡王恭妃，順帶著連她生的兒子朱常洛也不喜歡。被父親冷落的日子裏，朱常洛的生活並不好過，雖然他是皇長子，可朱翊鈞卻遲遲不願立他爲太子，他的父皇喜歡鄭貴妃生的兒子朱常洵。朱翊鈞對朱常洵這個兒子簡直寵愛到了無以復加的地步，他把朱常洵看作是自己的掌上明珠，捧在手心怕摔了，含在嘴裏怕化了。

王恭妃出自宮女，雖然生下了皇長子朱常洛，但是神宗皇帝朱翊鈞把她看作是自己的恥辱。沒過多久，朱翊鈞終於找藉口把王恭妃打入了冷宮，從此朱常洛與生母分離，被廢的王恭妃因爲思念自己的兒子，整天以淚洗面，加上心情不好，不久就雙目失明了。

大臣們上書請皇帝立皇長子朱常洛爲太子，朱翊鈞不喜歡朱常洛，不想立他爲太子，以皇長子才六歲，年齡太小，不適合這麼早就被立爲太子爲藉口拒絕眾大臣。朱翊鈞天真地以爲這樣就可以打發那一群老大臣，可他的如意算盤打錯了，大臣們以神宗朱翊鈞也是六歲的時候被立爲皇太子的鐵證，來反駁他。

針對立皇長子爲太子一事，朱翊鈞厚著臉皮拖了兩三年，實在拖不了了，只好自己定出期限，讓首輔告訴大臣們，說立儲一事要到萬曆二十年才可以，讓大臣們安心等待，不要再爲此再煩他。他說：「如果大家能遵守，他後年即行冊立太子；若再有人生事的話，就等皇長子長到十五歲的時候再行大禮。」

朱常洛已經九歲了，由於從小受到老爹的冷遇，老媽又不在身邊，所以這個孩子比較早熟、懂事。大臣們建議皇帝要早立皇長子爲太子，好讓他學習管理國家的大事，而且九歲的孩子也到了上學、讀書的時間了。明朝的規矩是如果送皇子出閣讀書就等於變相的承認他是太子，所以朱翊鈞一直不肯讓朱常洛讀書。

朱翊鈞是一個固執且愛耍小聰明的人，他對來勸自己立皇長子爲太子的內閣首輔申時行說：「如果一個孩子聰明的話，即使沒有老師的教導也能自學成才，做一個真正聰明的人。」申時行一聽暗呼：「哪有這樣的老爹啊，竟然說自己的孩子傻。」申時行一時很無語，這樣的皇帝傷不起！

朱翊鈞對於立皇長子爲太子一事，主要採取的措施是死拖，而且一拖就是十五年，所以我們不得不佩服這個皇帝的拖功，在這十五年中有很多大臣因爲立太子的事情被朱翊鈞給逼退了，所以這件事讓朱翊鈞處於眾叛親離的境地，他的老媽也因爲這件事不理他了。

有一次，慈聖皇太后問朱翊鈞：「你爲什麼不肯立朱常洛爲太子？」朱翊鈞一時神情恍惚，脫口說道：「因爲他是宮女的兒子。」慈聖皇太后愣住了，半天後她生氣地說：「你也是宮女的兒子啊！」從此，慈聖皇太后知道兒子嫌棄自己的出身，從此以後她很少和兒子見面了。

朱翊鈞爲了博得鄭貴妃的歡心，曾經許下願望封朱常洵爲太子。鄭貴妃是個聰明人，她知道口說無憑，於是讓朱翊鈞寫下手諭，然後小心翼翼地裝在錦匣裏，放在自己宮中的樑上，作爲日後憑據。然而，若干年後當鄭貴妃滿懷希望地打開錦匣時，不禁大吃一驚：一紙手諭讓蟲咬得面目全非。迷信的皇帝長歎一聲：「這是天意啊！」

爲了向母親證明自己不是嫌棄她，加上朝中大臣的步步緊逼，朱翊鈞終於在萬曆二十九年冊立皇長子朱常洛爲皇太子，並於第二年給他完了婚。至此，前後鬧騰了十幾年之久的立太子風波，才算告一段落。鄭貴妃在這一重大回合中慘敗下來。

萬曆四十二年，慈聖皇太后終於走到了她生命的盡頭，告別她爲之費盡心血但仍牽腸掛肚的朱家江山和她那不爭氣的兒子。在臨死之前，她又辦了一件足以令群臣熱血沸騰、讓萬曆十分尷尬、讓鄭貴妃恨之入骨的大事。

按照明朝祖制，所封藩王必須住在自己的封國裏，非奉旨不得入京。但鄭貴妃的兒子朱常洵卻仗著父母對他的寵愛，在皇宮中十多年不回封國洛陽。正當皇帝和群臣爲常洵就藩一事爭得熱火朝天、難解難分的時候，一個重量級的人物干預了這件事，

他就是朱翊鈞的生母，慈聖皇太后。

慈聖皇太后召見鄭貴妃，問道：「福王爲什麼不回封國？」鄭貴妃是個極端聰明伶俐的人，不像朱翊鈞在母親跟前那樣慌亂和愚笨，她沉著地回答道：「太后您老人家明年七十大壽，您的大孫子福王特意留下爲您祝壽啊！您看您的孫子多有孝心啊！」

慈聖皇太后不是個頭腦簡單的人，也算得上一個老江湖了，所以冷冷地反問：「我的第二個兒子潞王在衛輝，那我問一下你他可以回來祝壽不？」鄭貴妃立刻窘了，無言以對，只得答應催福王快速去封國。

萬曆皇帝抵擋不住太后和大臣們的輪番轟炸，在慈聖皇太后去世一個月後，終於讓福王趕到洛陽就藩去了。出發的那天早晨，天空陰沉，時有零星雪粒落下，北國的冷風從塞外吹來，使人瑟瑟發抖。宮門前，鄭貴妃和她的寶貝兒子面面相對，淚如泉湧。福王進轎啓程的剎那間，已是兩鬢斑白、長鬚飄胸的萬曆皇帝再也控制不住自己的感情，眼淚嘩嘩地流下來了。

朱翊鈞送完兒子回到宮中後，渾身無力地躺在他的龍床上，想到寶貝兒子孤零零的一個人離開京城他就悲痛欲絕。他感到深深的內疚，因爲自己到底還是辜負了他的心尖尖——鄭貴妃的一片癡情，沒能把寶貝兒子朱常洵立爲太子。自己雖然貴爲天子，卻要受其他的人牽制，讓愛子離京而去。

萬曆四十八年七月二十一日夜間，神宗朱翊鈞在乾清宮病逝了。一時間整個皇城都被死亡的氣息所籠罩著，哭聲連成一片，很快京城都被白色所覆蓋。除了悲痛之外，人們更多的是對新皇帝抱有期待。

神宗朱翊鈞在生命最後一刻，留下遺命封鄭氏爲皇后，死後葬於定陵玄宮。可是他的子孫並沒有遵照他的遺囑，在三百餘年後，他的陵墓定陵被打開，人們發現所有的棺床上都沒有鄭貴妃的影子。後殿並列的三口朱紅色棺槨，中間是萬曆皇帝，左邊是孝端皇后王氏，右邊是孝靖皇后王氏，也就是太子朱常洛的母親。

萬曆四十八年八月，三十九歲的太子朱常洛終於坐上了皇位。即位後，他宣佈第二年改年號爲泰昌。泰昌皇帝朱常洛一上台就積極推行新政，萬曆四十八年七月二十二日和二十四日，朱常洛各發銀一百萬兩犒勞遼東等邊防將士，同時撤回萬曆末年引起民怨民憤的礦監和稅監……

朱常洛剛登上皇位就爲百姓做了很多實事，正當百姓翹首期待他進一步的好政策時，他卻突然病倒了。爲什麼呢？泰昌帝在沒有當上皇帝的時候就好女色，即位之後鄭貴妃不知出於什麼目的，向皇帝進獻美女。泰昌帝的身體本來就不好，年齡又不饒人（**此時他已經三十九歲了**），新皇剛上任需處理的政務非常繁重，加上回到後宮的

縱欲，他終於倒下了。

泰昌帝因爲勞累過度才病倒的，這本來不是什麼大病，只需吃幾副補藥，靜心調養一段時間就可以好，但是掌管御藥房的太監崔文升（這個人原來是鄭貴妃身邊的心腹）讓皇帝喝了一濟瀉藥，泰昌帝當天晚上腹瀉幾十次，從此身體就垮了下來，再也起不了床了，病情一天天地嚴重了起來。

鴻臚寺丞李可灼向泰昌帝朱常洛進獻兩粒紅丸，朱常洛用了第一粒後，病情有很大的好轉，於是他又服用了第二粒，服藥後朱常洛昏昏沉沉地睡過去了，第二天早上太監叫他起床上朝的時候發現皇帝沒有了氣息，經太醫診治確定新皇泰昌帝駕崩了。

泰昌帝是服用紅丸斃命的，紅丸到底是什麼藥，是否有毒，崔文升爲什麼要向皇帝進瀉藥，這些我們都已經沒有辦法弄清了。

泰昌帝朱常洛的一生可真夠悲慘的，沒當上皇帝的時候小心翼翼，如履薄冰，當上皇帝才二十九天就這樣不明不白地走了。泰昌帝死時年三十九歲，做皇帝僅一個月，史稱「一月天子」。這個時候他老爹萬曆皇帝屍棺尙未埋葬，而泰昌帝地宮也不可能在短期內速成。無奈之下，只能在景泰陵的廢址上重建新陵，同年九月將泰昌帝入葬。

＊微歷史大事記＊

嘉靖四十二年（一五六三年）八月十七日，朱翊鈞在裕王府出生。

隆慶二年（一五六八年），朱翊鈞被立為太子。

隆慶六年（一五七二年）六月初十，朱翊鈞登基。

萬曆六年（一五七八年）二月，朱翊鈞大婚。

萬曆十年（一五八二年），朱翊鈞的老師張居正過世，朱翊鈞親政。

萬曆十年（一五八二年）八月十一日，朱常洛出生。

萬曆十二年（一五八四年），定陵開建。

萬曆十四年（一五八六年），鄭貴妃生下朱常洵。

萬曆二十九年（一六〇一年），皇長子朱常洛被冊立為皇太子。

萬曆三十年（一六〇二年），朱常洛大婚。

萬曆四十八年（一六二〇年）八月初一，朱常洛登基，即明光宗。

萬曆四十八年（一六二〇年）八月二十九，朱常洛駕崩。

第十一章

文盲皇帝

我的副業是木匠

朱由校登上了皇帝之位，是為熹宗。朱由校的老爹朱常洛不得寵，雖然當上了太子但整日裏擔驚害怕自己會被廢掉，因此沒有時間管自己的兒子朱由校是不是生活得很好，讀書讀得怎麼樣……所有的一切都沒有人過問，所以朱由校基本上沒有受到什麼教育，稱得上是一個文盲皇帝。

明熹宗朱由校即位後令東林黨人主掌內閣、都察院以及六部，所以一時間東林黨的勢力很大。大臣楊漣、左光斗、趙南星等許多正直之士在朝中擔任重要職務，而方從哲等奸臣逐漸被排擠出朝廷，所以熹宗一朝前期的政治還是比較清明的。楊漣等大臣在幫助朱由校即位時出了很多力，所以朱由校對這些東林黨人十分信任，幾乎是言聽計從。

朱由校剛當皇帝時，迅速的提拔袁崇煥，使他的官位一路提升。天啓二年，朱由校為張居正平反，讓方孝孺的後人做官。他還在澳門問題上態度強硬，與荷蘭殖民者兩次在澎湖交戰，並且獲得了勝利。總之，朱由校即位初期算得上是一個好皇帝。

客氏是明熹宗朱由校的奶媽。在下人裏面，奶媽地位一般會比較高一些，但是再高也不過是個下人。可沒有人敢把客氏這個女人當下人看，她很強勢，比主子還強勢，乃至以奶媽之身，享受著無人能比的恩寵。我們不得不說她是奶媽行業中最強勢的一個人。

客氏名叫客印月，原本是定興的農民侯二的老婆，後來參加了朱由校奶媽的海選，很幸運的當選了，從此她成爲朱由校的專屬奶媽，而且還是唯一的一個。女人都有天生的母性，客氏進宮看到可愛的朱由校十分喜愛。一段時間後，客氏發現朱由校雖然是皇孫但是也是一個可憐的孩子，父親不管他，母親又早早離開了他。

客氏可憐朱由校，在他很小的時候給了他母親般的關愛。她不僅用自己的乳汁餵養著朱由校，還陪著他到處玩耍。所以，對朱由校來說客氏是個很重要的人，她即是母親又是朋友，所以他曾經發誓自己長大後一定好好報答自己的奶媽，絕不會讓她受委屈。

客氏在宮中做了兩年奶媽後，她的丈夫侯二不知什麼原因死掉了，從此客氏變成了寡婦。不久不甘寂寞的客氏就爲自己找了一個對食叫做魏朝。宮中的對食就是宮女和太監兩個人在一起互相陪伴、互相關心、互相安慰，不至於讓宮中的日子那麼難熬。

客氏的對食對象是一個叫魏朝的太監，這並不是個普通的太監，他很有權勢，雖然在太監行業裏不是一個說一不二的人，但可以稱得上是個呼風喚雨的人。魏朝看上了客氏，不僅因爲客氏是一個漂亮的女人，還因爲她是皇帝的奶媽。魏朝認爲如果他和客氏結成對食，豈不是名利雙收？

魏朝、客氏，兩個寂寞的人走到了一塊兒，可是他們並沒有走多遠，因為有一個人插了進來，這個人就是後來大名鼎鼎的大太監魏忠賢。魏忠賢本來是魏朝的朋友，並由魏朝的一手提拔才在宮中站穩了腳，但他這個人是個忘恩負義的小人，竟然敢搶兄弟的女人，所以說魏忠賢算得上是一個無恥的小人。

魏忠賢，原名叫做李進忠，後來才改姓魏。魏忠賢曾經結過婚，老婆姓馮，後來嫁給楊家了。魏忠賢的家裏十分貧窮，但是魏忠賢是個不成器的傢伙，他喜歡賭博，而且屢賭屢輸、屢輸屢賭，最後弄得個家破人亡的下場。於是迫於生計的魏忠賢自宮入宮，歷史證明敢於自宮的人都是了不得的人，王振就是一個例子。

熹宗朱由校當皇帝後，封客氏為奉聖夫人。魏朝與魏忠賢爭客氏，在一定意義上並不只是為了爭一個女人，而是在爭熹宗朱由校的寵愛。有一天夜裏他們又在宮中爭吵。朱由校隨後就過問了這件事，他問客氏看中了誰，由他做主安排，而客氏選擇了魏忠賢。魏忠賢與客氏合謀，將魏朝打發回了鳳陽，這還不算完，他們又派人在途中將魏朝給殺死了。

朱由校的文化水準很低，堪稱「文盲皇帝」。由於朱由校沒有文化，他發佈命令的時候，只能靠聽讀別人的擬稿來做決斷。但是他又不願意全聽別人的擺佈，常常不懂裝懂。一張草詔、半張上諭，他常常要經過多次的修改，但還是文理不通，等終於

擬好頒發出去後，大臣們看了都哭笑不得。

天啓元年四月，朱由校要結婚了。對一個皇帝來說，結婚的意義不只是娶老婆，它意味著皇宮的秩序要進行調整與新建。除此之外，它還意味著皇宮從此有了「內當家」，因爲皇后負有關懷皇帝從身體健康到飲食起居的全部責任。所以說皇帝娶老婆預示著他要開始自己的全新生活了。

朱由校結婚後，奶媽客氏就不能繼續留在宮中居住了，不然的話就要鬧大笑話了。群臣一直在翹首等待皇帝朱由校下詔客氏離宮的消息，大臣們等啊等啊，直到把黃花菜都給等涼了，還是沒等到朱由校下詔的消息。

大臣們實在看不下去了，六月二十四日，山西道御史畢佐周給皇帝上書，要求客氏離宮。這只是一個開始，第二天，大學士劉一就也給皇帝遞上一份同樣的檔，但朱由校仍然不讓客氏離開宮中。朱由校「頂住壓力」並且找了一個藉口，推說他老爹的喪事尚還沒有料理完，而宮中的嬪妃還需要客氏的幫助，並表示只要喪事一完，就讓客氏離宮。

朱由校老爹的喪事終於結束了，於是劉一就又重提舊事，並請求皇帝遵守他的諾言，送客氏出宮。朱由校被逼的沒有辦法了，於是痛下決心讓客氏於天啓元年九月二十六日出宮。這一天，朱由校像丟了魂一樣，吃也吃不下，睡也睡不著，還不停地哭泣。

朱由校終於受不了對客氏的思念之情，在送客氏離宮的第二天，就不顧自己身爲皇帝的尊嚴，傳旨讓客氏進宮，並表示大臣們不許爲了這件事來煩他。堂堂天子竟然如此戲言，一時間大臣們紛紛上書反對，可是朱由校蛤蟆吃秤砣鐵了心，凡是上書的人有一個罰一個，有兩個罰一雙，從此也就沒人再管這事了。

朱由校不惜一切代價，捍衛客氏自由出入皇宮的權利。他自己打出的旗號是思念乳母，但實際要給予客氏的特權遠超出這種需要。如果出於思念，隔一段時間宣召她進宮見上一面，不是問題，沒有人反對；而大臣們想制止的，是客氏在宮中不受任何限制想來就來、想去就去。

朱由校不顧臉面，嚴厲地打壓輿論，其實說穿了，不是出於慰藉自己對乳母的思念之意，而是想達到讓客氏不受約束地出入宮禁的目的。他知道，這一點自己是絕不可能退讓的，因爲如果他一旦退讓，那麼他和客氏之間就只能剩下思念了。

魏忠賢是個很有野心的人，他謀殺了好朋友魏朝後，又盯上了王安，王安和魏朝是不同的，他是顧命太監，在朝廷內外的威望相當的高。隨著魏忠賢的地位越來越高，王安漸漸感到了威脅，所以曾經打算除掉魏忠賢，但又因一時心軟放了魏忠賢。

魏忠賢就是一個小人，只記仇不記恩。他得知王安要害他，雖然最後未遇危險，

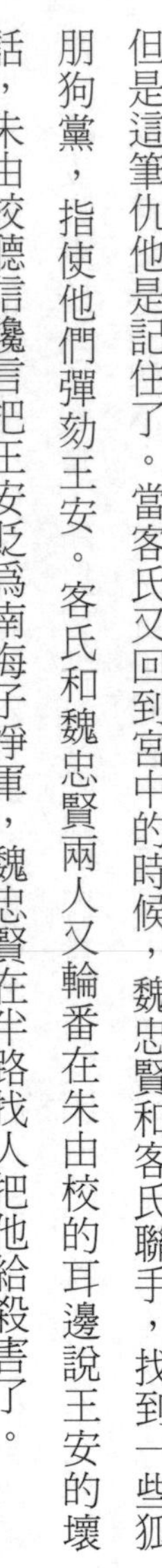

但是這筆仇他是記住了。當客氏又回到宮中的時候，魏忠賢和客氏聯手，找到一些狐朋狗黨，指使他們彈劾王安。客氏和魏忠賢兩人又輪番在朱由校的耳邊說王安的壞話，朱由校聽信讒言把王安貶爲南海子淨軍，魏忠賢在半路找人把他給殺害了。

王安死後，魏忠賢升官爲司禮秉筆太監。這顯然打破了常規，魏忠賢他老人家大字識不了幾個，按道理沒有資格入司禮監的。可是這個魏忠賢不是一般的太監，他是熹宗朱由校奶媽客氏的對食，朱由校愛屋及烏漸漸對他心生好感，而且客氏經常在朱由校面前說魏忠賢的好話，朱由校自然對魏忠賢禮遇有加。

魏忠賢與客氏狼狽爲奸，在宮中橫行無忌不把任何人放在眼裏，如果誰讓他們倆看不順眼，這倆人就立刻聯合起來，保管那個人吃不完兜著走。一時間朝野內外談到魏忠賢和客氏都恨不得吃他們的肉，喝他們的血，再把他們的骨頭給剁碎了。

明熹宗朱由校是一個文盲皇帝，文墨不通，因此對朝政沒有興趣，但是他在中國歷史上是一個很有特色的皇帝，這個皇帝心靈手巧，對製造木器有極濃厚的興趣，凡是刀鋸斧鑿、丹青髹漆之類的木匠活，他都會親手操作。他手造的漆器、床、梳匣等，均裝飾五彩，美輪美奐，實在出人意料。

大明代天啓年間，木匠師傅製造的床，又大又笨重，十幾個人才能搬動它，而且用料很多，十分浪費，樣式也極普通，不好看。對木工很有興趣的明熹宗朱由校開動自己的腦筋，不辭辛苦地設計圖樣，並且親自鋸木釘板，不出一年就製造出一張床來。

明熹宗朱由校製造出的床有一個特點，就是可以折疊，如果皇帝出去旅遊、度假可以將其打包帶去，所以說這種床很方便。皇帝設計的床不僅便於攜帶而且還很美觀，有一定的觀賞價值，因爲這種床架上雕鏤有各種花紋，十分美觀大方。當時的工匠師傅看著皇帝設計的床十分驚奇，暗想皇帝這不是在搶他們的飯碗嗎？

朱由校善於用木材做小玩具，他做的小木人，男女老少，神態各異，胳膊腿都有。這些小木人擺弄起來，就像真人一樣靈活。朱由校派太監們把他做好的小木人拿到市場中去賣，大家都十分喜歡並出高價爭著買，朱由校知道後十分高興，於是加班趕製小木人，常常到半夜也不休息，還常讓身邊的太監做他的助手。

朱由校的漆工活做得也很好，從配料到上漆，從來都是他自己動手。他喜歡創造各種新花樣，並讓自己身旁的太監們欣賞並評論自己做的好壞。朱由校還喜歡在木製器物上發揮自己的雕鏤技藝，他在自己製作的十座護燈小屏上，雕刻著《寒雀爭梅圖》，形象十分逼真。

朱由校喜歡看傀儡戲，當時的梨園弟子常用輕木雕鏤成海外四夷、蠻山仙聖及將軍士卒等形象。朱由校高興的時候，也會露兩手展示展示自己的手藝，他做的木像有

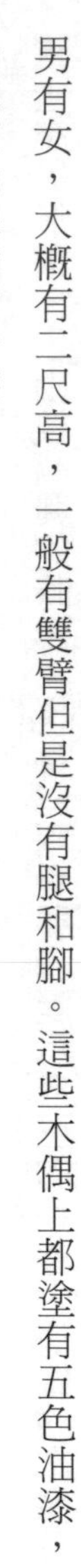
男有女，大概有二尺高，一般有雙臂但是沒有腿和腳。這些木偶上都塗有五色油漆，看起來就像活的一樣。

朱由校醉心於建築，曾仿照乾清宮形式在庭院中做小宮殿，這個小宮殿大概有三、四尺高，製作的手工十分精細，可謂巧奪天工！朱由校曾經還做過一座沉香假山，池台林館，雕琢得十分細緻，這在當時可以稱爲一絕。如果朱由校的職業不是皇帝而是木匠，那麼大明王朝將少一個文盲皇帝，而多了一位優秀的設計家。

朱由校喜歡踢球，閑來無事的時候，常常和太監在長樂宮打球。但朱由校常覺著玩起來不過癮，於是決定親手設計一個好的踢球場所，最終他就建造了五所蹴園堂。

朱由校還非常喜歡木工器作和建築。天啓五年到天啓七年間，大明王朝對保和殿、中和殿和太和殿進行了大規模的重建工程，從起柱、上樑到插劍懸牌，在整個施工工程中朱由校都親臨施工現場。

朱由校是個心靈手巧的皇帝，很多他親手製作的娛樂工具都十分精巧。他曾經用大缸盛滿水，水面用圓桶蓋上，在缸下鑽孔，這樣會通到桶底形成了水噴，然後他再放許多小木球在噴水處，啓閉灌輸，水打木球，木球盤旋旋轉，很久都停不下來，朱由校與妃嬪們在一起一邊觀賞一邊喝彩讚美。

朱由校非常喜歡建造房屋，他常常在房屋造成後，高興得像孩子一樣手舞足蹈，反覆欣賞，但是等高興勁過後，他會立即毀掉，重新建造，好像從來不會感到厭倦似的。每當他興致高的時候，會脫掉外衣親自操作。就是因爲他迷戀這些東西，所以他常常把治國平天下的事給拋到腦後，沒有時間過問。

魏忠賢常常在朱由校做木工做得正起勁的時候，拿上公文請他批示，貪玩的朱由校就感覺魏忠賢影響了他的興致，便隨口說道：「我已經知道了，你看著辦就好了。」就這樣朱由校把公務一股腦兒交給了魏忠賢，於是魏忠賢借機排斥異己，專權誤國，而朱由校只顧他的木工，其他一概不管。

魏忠賢是個沒有文化的人，所以最討厭讀書人，因爲他們軟硬不吃，以正義和氣節爲自己畢生的追求，看不起沒有文化的人，尤其看不起魏忠賢。

魏忠賢剛開始的時候見東林黨人勢力比較大，就想巴結他們。但令魏忠賢沒想到的是，無論自己怎麼巴結，這些頑固的讀書人就是不理他。他們不僅不理他，還非常蔑視地說：「你一個太監還想和我們做朋友，真是癩蛤蟆想吃天鵝肉，簡直就是做夢！」魏忠賢聽後，氣不打一處來，從此和他們的樑子就結下了。

魏忠賢每天都想找東林黨人的麻煩，以報他被羞辱、被拒絕之仇，很快他就找到了機會。有個官員叫熊廷弼，犯了大事，被判死刑，但這廝又不想死，於是托人找關係，想保住自己的一條小命，最後找到了汪文言，而這個汪文言跟東林黨人有聯繫。

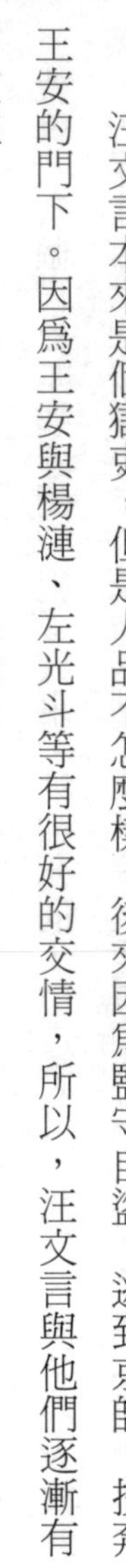

汪文言本來是個獄吏，但是人品不怎麼樣，後來因爲監守自盜，逃到京師，投奔王安的門下。因爲王安與楊漣、左光斗等有很好的交情，所以，汪文言與他們逐漸有了交往。

熊廷弼是明末的將領，字飛百，號芝岡，漢族，湖廣江夏，在萬曆年間中進士。萬曆三十六年，熊廷弼在遼東做巡按。朱由校即位後，天啓元年，建州叛軍攻破遼陽，熊廷弼與廣寧巡撫王化貞鬧不和，導致打了敗仗，廣寧失守。

王化貞是東林黨人葉向高（當時首輔）的學生，所以得到了葉向高的庇護，而熊廷弼背了黑鍋。熊廷弼不想死，於是四處找人托關係，希望能夠保自己一命。最後他找到了汪文言，汪文言也是個熱心腸的人，二話沒說就答應了。汪文言幫熊廷弼的唯一方法，就是把熊廷弼不想死的願望傳到宮內。

汪文言想找魏忠賢，因爲他當時的勢力遍佈朝廷內外，但是鑒於他是東林黨人，所以又不好去直接找魏忠賢。經托關係，魏忠賢知道了這件事，答應了幫忙，但是是有條件的，那就是錢。有錢能使鬼推磨，這話真不假。

熊廷弼拿來四萬兩銀子去打點，但是最後事情沒有辦成。據說是汪文言從中拿了好處費，四萬兩銀子沒有全給魏忠賢。魏忠賢知道後，十分生氣，因爲到嘴的肥肉竟然讓汪文言給叼走了，實在讓人生氣。魏忠賢大人很生氣，後果就嚴重，所以熊廷弼就不得不死。

天啓五年熊廷弼被冤殺。然而這件事並沒有就這樣結束了，因爲魏忠賢想要借這件事打擊汪文言，打擊東林黨。所以，汪文言很快就下獄了。魏忠賢想從汪文言嘴裏得到他想要的證詞，可是如意算盤打錯了。

黃尊素是東林黨人，得知汪文言蹲大獄後，立刻明白了魏忠賢的計畫，於是他通過關係來到天牢千叮萬囑讓汪文言要頂住了，不要中了魏忠賢的詭計。汪文言經歷了兩個月的地獄般的生活，到死也不屈服於魏忠賢，最後光榮地死在天牢中，這也許是他一生中做的最光榮的一件事了。

天啓五年，魏忠賢誣陷楊漣、左光斗收取熊廷弼的賄賂，將他們給抓起來關進東廠的大獄中，這是大明王朝最骯髒黑暗的地方，無論是誰到這裏都會不死也脫三成皮，所以，當時的人一聽到這個地方就不由得發抖。

選美大賽冠軍

張嫣是朱由校的皇后，天啓元年，初登帝位的朱由校舉辦選美大賽，張嫣因容貌秀麗，氣質出眾被朱由校一眼看中，封爲皇后。張嫣個性嚴正，很有皇后風範，是位能母儀天下的女性。她因不齒魏忠賢與客氏兩人聯手爲非作歹的行徑，經常勸朱由校疏遠二人，因此得罪二人。

朱由校雖是個迷糊的皇帝，平時什麼都不管，但很在乎他的皇后張氏，所以他們夫妻倆十分恩愛。當魏忠賢和客氏在他面前說張皇后的壞話的時候，朱由校會出言維護自己的老婆。魏忠賢和客氏見皇上如此維護自己的皇后，再也不敢加害張皇后了，張氏家族才得以保全。

有一次，有人寫了封匿名信，信中寫滿了魏忠賢的罪狀，魏忠賢懷疑是皇后張嫣的爸爸張國紀受邵輔忠、孫傑等人的幕後指使而寫的，因此下令大殺東林黨臣，希望借此動搖張嫣的皇后地位，好讓自己的侄孫女任容妃成爲皇后。可惜人家兩人伉儷情深，魏忠賢拆散計畫失敗。

明熹宗天啓三年，張皇后懷孕了。張皇后在懷孕的時候，客氏和魏忠賢偷偷地把自己的親信安插到張皇后的寢宮內，在給張皇后按摩的時候暗傷張皇后的胎位，致使其流產。可見這個按摩師也是一個高手，孩子被流下來已經可以分辨出是個男胎，這是朱由校的第一個兒子，而這次流產直接導致張皇后終生不育。

張嫣經常不動聲色地勸諫朱由校，希望他能「親賢臣，遠小人」。朱由校有次見張嫣正在看書，就問她在看什麼書，沒想到張嫣回答：「趙高傳。」朱由校摸摸鼻子不再吭聲了。

皇帝末日

天啓七年八月，朱由校在客氏、魏忠賢的陪同下來到宮中西苑乘船遊玩時，在橋北淺水處飲酒。客氏、魏忠賢爲了取悅皇帝朱由校，建議其乘小船去玩，朱由校愛玩，就高興地答應了。朱由校在魏忠賢及兩名親信小太監的陪同下去深水處泛小舟遊玩去了。

朱由校一行人在小船上玩的正高興，突然天氣大變，剛才還晴空萬里的天氣這會兒突然烏雲密佈，還刮起了一陣狂風。正在玩樂的朱由校所乘坐的小船被刮翻了，朱由校不小心跌入水中，差點被淹死。最後雖然被人救起，但是經過這次驚嚇，他還是落下了病根，太醫們雖然盡力救治，但是情況卻一直不樂觀。

對於朱由校的死因還有一種說法：有一個尚書叫霍維華進獻了一種「仙藥」，名叫靈露飲，據說服藥後能立竿見影，不僅健身而且還能長壽。朱由校一聽很高興，就立刻服了下去，這藥就是不一樣，剛服下去的時候清甜可口，讓人精神了不少。於是朱由校每天都服用。可是飲用幾個月後，朱由校竟然得了臌脹病，沒多久他就渾身水

腫，從此臥床不起了。

天啓七年八月十一日，朱由校預感到自己的日子不長了，便召弟弟朱由檢進入他的臥房，拉著他的手對他說：「弟弟啊，我快不行了，這大明江山就交給你了。我不是好皇帝，你將來一定當個好皇帝，還有就是你一定要照顧好你的皇嫂，絕對不能讓她受委屈。」說完這些後，朱由校安心地閉上了眼睛。

朱由校死後葬於平德陵。他的廟號爲熹宗，又稱爲天啓皇帝，死後的謚號爲「達天禪道敦孝篤友張文襄武靖穆莊勤悊皇帝」。天啓帝朱由校在當皇帝的幾年時間裏，一直專心致志地蓋著他的「宮殿」，而奸佞們卻在悄悄地挖著他的牆腳，朱由校死後僅十多年，大明王朝就滅亡了。

＊微歷史大事記＊

泰昌元年（一六二〇年）九月六日，朱由校即皇帝位。
天啟元年（一六二一年）四月，朱由校大婚。
天啟三年（一六二三年），張皇后懷孕，後流產。
天啟五年（一六二五年），熊廷弼被冤殺。
天啟五年（一六二五年），魏忠賢把東林黨趕出朝廷。
天啟五年（一六二五年），朱由檢重修保和殿、中和殿和太和殿。
天啟七年（一六二七年）八月十一日，熹宗朱由校駕崩。

大明輓歌

亡國不是我的錯

天啓七年，年僅二十三歲的朱由校在蹬腿之前尋思著皇位的繼承人，由於自己的兒子全都被他最親愛的兩個人奶媽客氏和太監魏忠賢給害死了，無奈之下，他密詔來自己十七歲的弟弟信王朱由檢，拉著他的手說：「來，吾弟當爲堯舜。」堯舜是什麼人，大家都知道。八月，朱由校駕崩，朱由檢即位，是爲明思宗，次年改元崇禎。

朱由校是一個優秀甚至拔尖的木匠及建築師，但並不是一個合格的皇帝。他在位期間，只顧專心致志地蓋著他的「宮殿」，奸佞們卻在悄悄地挖著朱明王朝的牆腳，挖牆腳領頭人就是他的奶媽客氏和閹黨首領魏忠賢。朱由校臨死前才明白：最愛的人往往傷我最深。可惜，晚了。

朱由校死後，魏忠賢本想秘不發喪，先滅掉張嫣與朱由檢，然後自己找個傀儡皇帝加以控制，幸虧張嫣及早通知了英國公張惟賢入宮。在朝廷裏，唯一不怕魏忠賢的，也只有張惟賢了，這位老兄是世襲公爵，無數人來了又走了，他還在那裏。魏忠賢知道自己的計畫已經泡湯，就也「接受」了朱由檢。

朱由檢爲兄長守靈，一天滴水未進，魏忠賢借機送來酒菜。朱由檢知道這貨沒那麼好心，酒菜肯定有問題，但又不能讓魏忠賢發現自己懷疑他，正糾結時，張嫣跑過來一掌把飯掃到地上，佯裝生氣道：「你哥屍骨未寒，你當著他的面還能吃下去？」朱由檢裝作愧疚地低下頭，順便鬆了口氣，好險！

朱由檢的人生，就像是一張擺滿了杯具和餐具的餐桌。這個倒楣孩子從哥哥朱由校手中接過了這個已經被搞得滿目瘡痍的王朝，於是，註定要有一個更爲悲情的稱號「明朝亡國之君」。朱由檢不是學醫的，所以不會妙手回春，但他還是決定死馬當成活馬醫，當一天和尚，敲一天鐘！

魏忠賢的閹黨一派可以說是貪贓枉法，殘害忠良、無惡不作。當朱由檢還是信王的時候，就對魏忠賢很是痛恨，但他懂得隱忍，加上爲人十分低調，所以每次見到魏忠賢，他都很有禮貌地上前問好，以致魏忠賢對他的印象還是不錯的：「嗯，這小子不錯，應該比那個『木匠』更好控制。」

朱由檢知道現在的朝政大權其實是在魏忠賢的手中，而自己只不過是個傀儡皇帝。朱由檢很精明，他知道眼前的這個敵人有多強大，所以，決定來個從長計議，釜底抽薪，慢慢除去魏忠賢的黨羽，然後再對魏忠賢下手。這就如溫水煮青蛙，青蛙一碰到熱水就會跳起，但卻喜歡溫水的舒適。

魏忠賢想試探一下朱由檢到底是敵是友，就裝模作樣地跑到皇帝面前，遞上了一份辭呈。朱由檢又不傻，當然知道魏忠賢的把戲。他看了魏忠賢好久，然後吐出兩個字：「不准。」魏忠賢不可置信地抬起頭：「爲什麼？」朱由檢裝作一本正經地說：「先皇臨死前說了，您可是如今大明的頂樑柱，怎麼能說走就走！」於是，魏忠賢心滿意足地又拿著辭呈回家了。

客氏是朱由校的奶媽，從朱由校出生到結婚，再到去世，客氏熬完了他的一生。既然朱由校已死，而朱由檢早過了吃奶的年齡，所以客氏被逐出宮去，美其名曰：養老。客氏當即心灰意冷奉旨出宮，不過走之前，她又跑到朱由校靈前，將以前保存的朱由校剃下的頭髮、換落的牙齒、指甲等全部燒掉，然後哭著離開了。

朱由檢從不近女色，倒不是因爲他是同性戀，而是因爲他要力挽狂瀾，爭取不讓朱家的江山敗在自己手上。早年爲王時，他曾親眼目睹了自己的老爸和哥哥因貪圖女色而導致誤朝、失權，甚至喪命的慘劇。因此他上台之後，一直自勉自勵，勤於朝政，爭取站好最後一班崗（儘管他不知道這是最後一崗）。

有天晚上，朱由檢正準備脫衣服睡覺，魏忠賢領著四個美女過來了，美其名曰：侍寢。朱由檢知道肯定有黑幕，但還是不動聲色地收下了。等魏忠賢賊笑著走遠後，朱由檢命人搜這幾位美女的身，果然，在她們每人身上都搜出一粒香丸，名曰「迷魂香」（有催情作用）。朱由檢了然一笑：「無事獻殷勤，非奸即盜。古人誠不欺我也。」

一天，朱由檢正在批奏摺，忽然傳來一陣香氣讓他欲心頓生。感覺到不對勁後，他就問身邊的太監這香氣是從哪裏傳來的。太監回道：「按照先朝慣例，皇上所去的

屋子都要燃燒這種香。」朱由檢聽後不由一驚，心知這肯定是魏忠賢的陰謀，便命人把香撤了，以後不准再用。

有些聰明有眼色的大臣們揣摩出了皇帝對魏忠賢的意圖，便開始舉報魏忠賢手下的種種違法犯罪行爲。魏忠賢現在是泥菩薩過江，自身難保，肯定不會出手相救。於是，這些被老大拋棄的人爲了自保都主動向皇帝申請辭職。朱由檢倒也沒客氣，來幾個批幾個，一眨眼，魏忠賢身邊已涼風陣陣，手下都快全被攆回家了。

天啓元年十月，彈劾魏忠賢的奏摺在一夜之間像座小山一樣堆在了朱由檢的辦公桌上。彈劾信中寫得最精彩的要數一個叫錢嘉征的貢生，他義正言辭地細數了魏忠賢的十大罪狀，估計連魏忠賢自己看了都會忍不住誇一句：寫得好！一抹冷笑出現在朱由檢的嘴角，遂後從他嘴中蹦出了一個嘎嘣脆的字眼：「殺！」

朱由檢召來魏忠賢，讓人把錢嘉征的彈劾信念了一遍，魏忠賢聽得冷汗直流。念完後，朱由檢不解氣地又把魏忠賢大罵了一通。魏忠賢趕緊接話：「您罵得真是盪氣迴腸、英明神武啊！那陛下您就一定大人不計小人過，放咱一馬吧？」說完，竟抱著朱由檢的小腿哭了起來，朱由檢在心中鄙視：你就會裝孫子！然後先讓他回家閉門思過了。

十一月，魏忠賢被免去一切職務，貶到鳳陽守祖陵。魏忠賢笑了，什麼權力，什麼閹黨，都是浮雲，拿著錢保住命才最要緊。於是他收拾了幾十車金銀珠寶，領著自己的千把名精兵浩浩蕩蕩地出發了。但他錯了，金錢對於現在的他而言，也是浮雲，只有老命才重於泰山啊！如此高調的炫富行爲，讓深知國庫已空的朱由檢炸毛了：「我說國庫怎麼越來越空，敢情都在你那呢！錦衣衛，去把魏忠賢再給朕捉回來！」

魏忠賢終於明白，自己小瞧了這個皇帝，然而爲時已晚。說到底，還是他讀書太少，所以就沒辦法從歷史書中學到先人的經驗：政治鬥爭從來只有單項選擇，不是你死，就是我活。當半夜聽到外邊有人在唱「隨行的是寒月影，吆喝的是馬聲嘶。似這般荒涼地，真個不如死」時，魏忠賢突然大悟：他費盡心力在成功的路上一路狂奔，結果卻是在折返跑。於是，他一解褲腰帶，上吊死了。

魏忠賢的手下們見老大已死，有的偷了些魏忠賢的珠寶逃走了，沒來得及跑得，被追上來的錦衣衛逮捕處決了。朱由檢得知魏忠賢畏罪自盡的消息後，下令將他的屍體肢解，將頭顱扔進河裏，並將他的家產充公，魏忠賢的餘黨全部被誅。老百姓聽到這一喜訊後，趕緊放鞭炮以示慶祝。而剿滅魏黨成爲朱由檢一生最驕傲的功績。

朱由檢在處理魏黨的案子時發現很多都有客氏的份，於是命錦衣衛把在宮外養老的客氏抓回來，押到浣衣局。客氏從前可沒少欺負浣衣局的人，於是，剛一到地方，就被那裏的人給亂棍打死了。

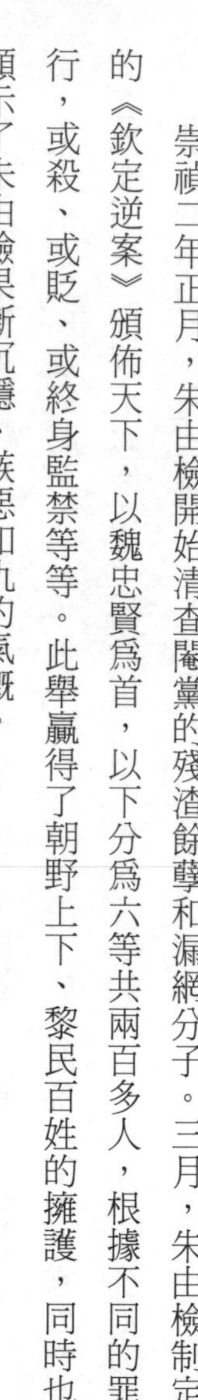

崇禎二年正月，朱由檢開始清查閹黨的殘渣餘孽和漏網分子。三月，朱由檢制定的《欽定逆案》頒佈天下，以魏忠賢爲首，以下分爲六等共兩百多人，根據不同的罪行，或殺、或貶、或終身監禁等等。此舉贏得了朝野上下、黎民百姓的擁護，同時也顯示了朱由檢果斷沉穩、嫉惡如仇的氣概。

朱由檢一反老爸的怠政，老哥的昏聵，每天臨朝聽政，令全國人民都刮目相看，大呼他爲「明主」。但朱由檢以一人之力除魏忠賢一事，顯然讓他對於自己的政治才能產生了過高的估計。他在此後的十餘年中，實施獨斷，親力親爲，過度相信自己的能力。這樣的自信，慢慢變成了自負，然後變成了剛愎自用。

朱由檢求治心切，很想有所作爲，但因矛盾叢集、積弊深重，無法在短期內使政局根本好轉。而且他剛愎自用，性格多疑，又急於求成，因此在朝政中屢鑄大錯。因對外廷大臣不滿，朱由檢在清除以魏忠賢爲首的閹黨後，又重用另一批宦官，給予宦官行使監軍和提督京營的大權，統治集團矛盾日益加劇。

此時的明朝外有後金連連攻逼，內有農民起義愈燃愈熾的烽火。面對危機四伏的政局，朱由檢更加勤於政務，探求治國良策。同時，他平反冤獄，起複天啓年間被罷黜官員；全面考核官員，禁朋黨，力戒廷臣交結宦官；整飭邊政，以袁崇煥爲兵部尚書，賜尚方劍，託付其收復全遼重任。與前兩朝相較，此時的朝政有了明顯改觀。

朱由檢是一個苦命的人。他的生母姓劉，被選入太子東宮，成爲朱常洛的妾，不久就生下了他。朱常洛性情怪異，脾氣狂躁。在朱由檢五歲這年，朱常洛突然對劉氏大打出手，史書曰：「失光宗意，被譴，薨。」這話說得很堂皇，而實際情況應該是朱常洛暴怒之下，將劉氏逼上了絕路自盡，甚至親自將劉氏活活打死了。

朱常洛本身就不怎麼得老爸的寵愛，因此對劉氏的死充滿懊惱，他倒不是有什麼情義或心疼兒子，而是害怕老爸朱翊鈞知道了，趁機廢了他這個太子位。於是，朱常洛向身邊的太監宮女威逼利誘，告誡他們不能走漏風聲，只說劉氏是病死的，將她以宮人的身分葬在西山。朱由檢長大後被封爲信王，屈死的劉氏被追封爲賢妃。

朱由檢礙於老爸朱常洛的淫威，從不敢公開去祭祀自己的母親，只是悄悄向太監打聽母親下葬的方位，偷著拿些錢讓侍從去爲母親祭掃。直到即位後，朱由檢才真正能夠光明正大地追悼自己的母親，他封早死的母親爲孝純太后，將她從簡陋的墳墓中遷出，與父親朱常洛合葬慶陵。

朱由檢很重視家庭，嬪妃很少，與子女妻妾的關係很好。然而如史書上所說，他雖非亡國之君，卻面臨亡國之運，即使他傾盡全部力量，也只能讓大明朝多喘幾口氣罷了。

一六四四年正月初四，已是心力交瘁的朱由檢向天問卜，卻得到了這樣一句卦

辭：「星走月中，國破君亡。」很快他就得到李自成自稱大順皇帝的消息，同時，他還聽說遠在南京的太祖朱元璋孝陵發生了不祥之兆：深夜時分，總有淒厲的哭聲從孝陵深處傳出，守陵軍士嚇得逃之夭夭。正月，鳳陽地震；同月，南京地震；北京則出現了「星入月」的天象。

朱氏的祖籍和大明王朝的起源地、京城接連出現的異常天象，令朱由檢心力交瘁。這時的國庫已經見底，爲了抵抗勢如破竹的大順軍團，朱由檢向大臣「化緣」，請求他們捐出家財銀兩作軍費開支。結果，那些憑著大明朝才富得流油的官員們，個個喊窮叫苦，勉強拿出了一萬兩銀子，結果顯而易見。

崇禎八年正月，陝西農民軍突然揮師南下，出其不意地攻克了大明開國皇帝朱元璋的龍興之地——鳳陽，並挖了朱家的祖墳，能拿的拿，拿不走就燒，大火整整燒了三天三夜。是可忍孰不可忍，朱由檢派了一幫精兵過去，名義上是剿匪，說白了是報仇。祖墳可不是能隨便挖的，何況那還是皇帝的祖墳！

八月，剿滅農民起義軍的戰事在全國範圍內拉開帷幕，朝廷向百姓徵收打仗所需的錢糧。有人怒了：「你自己沒當好皇帝惹人不快，打仗了卻要我們放血，太坑人了吧！」於是，朱由檢走出了令他十分難堪的一步，即第一次向全國頒佈「罪己詔」，向全國人民首次承認朝廷的政策失誤及天下局勢的險惡。

朱由檢執政時期，對於後金，群臣分為主戰主和兩派。崇禎在用人方面，起用了主戰派袁崇煥。文官集團使得軍中之將只重出身門第，幾次大規模對後金的軍事活動均遭慘敗，削弱了明朝的軍事力量，最終明軍無力鎮壓農民軍起義，間接加速了明朝滅亡。

為鎮壓起義軍，朱由檢先用楊鶴主撫，後用洪承疇，再用曹文詔，後來又用洪承疇，再用熊文燦，又用楊嗣昌，十三年中頻繁更換鎮壓農民軍的負責人。這其中除熊文燦外，其他都表現出了出色的才幹。但是朱由檢不斷地加稅，民間稱呼他為「重征」以代替「崇禎」，使得明末農民起義是「野火燒不盡，春風吹又生」。

名將袁崇煥的悲劇

袁崇煥，字元素，號自如。天啓二年，剛任職邵武知縣不久的袁崇煥，到北京接受朝廷的政績考核。當時皇太極已經基本把遼寧拿下，在這個關外局勢空前嚴重的態勢下，袁崇煥竟然單騎出關，巡視形勢。猛人吶！袁崇煥回來後拍胸脯說：「給我軍馬錢糧，我一人足能守住此地！」於是，朱由校就真讓他去了。

崇禎元年四月，朱由檢任命袁崇煥為兵部尚書兼右副都御史，七月，召袁崇煥

入京。袁崇煥當著朱由檢的面慷慨陳詞，計畫以五年時間恢復遼東，還講出了具體計畫，聽得朱由檢是一愣一愣的，心中大爲高興，賜了他一把尙方寶劍，並贈蟒玉銀幣。好歹袁崇煥有點眼力勁兒，只接了尙方寶劍，沒有接蟒玉。

崇禎二年十月，皇太極親率大軍從瀋陽出發，避開山海關－寧錦一線，繞道內蒙，從喜峰口突入明境，相繼攻陷遵化、遷安、灤州、永平，一路北上，直逼北京。此事所謂「己巳虜變」。皇太極一路上，大開搶戒，把沿途的老百姓搶得是一乾二淨，揭不開鍋。有人偷罵道：「奶奶的，這是從哪逃荒過來的，窮成這樣！」

皇太極賊笑著衝向了北京城的大門，卻在門口看到了他這輩子最不想見到的人。袁崇煥正親率精兵守在城門下，從他那大喘氣的劇烈程度，皇太極猜測他們是剛到。結果皇太極雖有十萬大軍，但在碰到袁崇煥這名不見經傳的小進士後愣是吃癟，看著北京城卻進不去，恨得牙癢癢！

袁崇煥向朱由檢申請讓軍隊進入城中休整，朱由檢猶豫了，因爲他多疑的老毛病又犯了，這次的懷疑對象是袁崇煥。他在北京城的最高處可是看見了：他袁崇煥這次入關後，一直跟在皇太極後面，既不全力進攻，也不部署防守，這是爲什麼呢？袁崇煥解釋了：「我只想儘快趕到北京城下以保衛京城。」朱由檢不信，於是，老袁只能待在城外。

朱由檢疑心重那是出了名的，皇太極自然也曉得。他很隨意的用了一個反間計就給袁崇煥扣了個「叛徒」的帽子。別的罪責猶可，這個私通敵國的罪名可是驚天動地之大！歷朝歷代，只要皇帝一聽到叛徒二字，頓時都紅了眼，哪還管是不是清白，先殺了以絕後患再說！

皇太極在剛到北京近郊時曾俘虜兩個太監，楊春和王德成。於是他故意讓二人偷聽到自己與下屬們說自己已與袁崇煥裏應外合，後將二人放走。二人回到宮中，立馬向皇帝報告了自己聽到的「情報」。朱由檢熊掌代替驚堂木往桌上一拍，袁崇煥光榮入獄！

崇禎三年八月，袁崇煥在北京西市被處以極刑，老百姓誤認為袁崇煥是真的通敵賣國，對他恨之入骨。明末史家張岱津津樂道地記下了這個血腥的場面：劊子手割一塊肉，老百姓就掏錢買下來一塊，放在嘴裏嚼，頃間肉已沽清。再開膛出五臟，截寸而沽。百姓買得，和燒酒生吞，血流齒頰。

袁崇煥在行刑前，念出了自己的遺言：「一生事業總成空，半世功名在夢中。死後不愁無勇將，忠魂依舊守遼東。」到了夜裏，袁崇煥的頭顱在刑場，他的佘姓部下趁夜盜取了頭顱，埋在現在東花市斜街五十二號院內，還交代子孫，不必再回嶺南原籍了，世世代代就在這裏陪伴。據稱從一六三〇年至今，佘家已經守了三百七十一年

的墓，歷經了十七代。

袁崇煥一死，明朝等於自毀長城。起初明軍與後金打敗仗時，頂多逃跑，但很少投降。可是袁崇煥死後，開始有整支軍隊投降後金，因為在這些明軍將士看來，像袁崇煥那麼忠心的人都遭到懷疑，含恨而終，何況他們這些無名之輩？為這不長眼的朱由檢打下去還有什麼意思！

袁崇煥死後的第二年，朱由檢簡直要戳瞎自己的眼睛了，因為他不能相信自己看到的：那些投降後金的將士人走就好了，為什麼要把他的紅夷大炮也要帶走送給皇太極！還有一些士兵偷跑回家，當起了山大王，成為到處流竄的土匪強盜，這更加快了明朝的滅亡！

高迎祥，農民一個，因為家裏窮得實在揭不開鍋了，就挽袖一呼：「與其餓死，倒不如造反而死！」這個世界最好找的就是窮人，此後，他自稱「闖王」，造反隊伍瞬間壯大。榮陽大會後，高迎祥成為十三家七十二營民變隊伍之首，並與李自成、張獻忠等聯合抗明，後被明將孫傳庭生擒處死，起義軍又推李自成為「闖王」。

崇禎十一年，已經風生水起的皇太極閑著沒事就喜歡率一幫精兵進入關內溜兩圈，順便再搶點值錢的東西。朱由檢被折騰的頭大，就把大將洪承疇調到松錦前線，護衛京城。洪承疇這人文武雙全，有勇有謀，皇太極就琢磨著把這個人才弄到手。於是，他親自率兵圍剿錦州，松錦大戰由此開始。

寧要虎一樣的對手，也不能要豬一樣的隊友。松錦大戰明軍慘敗，城中的將帥全部倉皇逃走，唯獨洪承疇這倒楣孩子沒逃成，沒辦法，人衰了真是喝涼水都塞牙縫！在彈盡糧絕的情況下，洪承疇光榮地被皇太極「請」入帳中，之後還被以禮相待。洪承疇知道明朝氣數已盡，新主人又待他這麼好，一咬牙，降了吧！

吳三桂的糾結

吳三桂是遼寧那旮旯的人，在萬曆四十年出生。吳三桂出身比較高貴，他們家是遼東的將門望族，爸爸叫吳襄，自幼習武，善於騎射。吳三桂在爸爸吳襄和舅舅祖大壽等人的影響下，既學文，又習武，所以不到二十歲就考中了武舉。從此吳三桂跟隨吳襄和祖大壽，開始了軍旅生涯。

吳三桂在二十歲的時候光榮地加入了遊擊隊員的行列，崇禎八年，升了官，成爲前鋒右營參將。崇禎十一年九月，吳三桂由於作戰勇猛又被升爲前鋒右營副將，相當於副總兵。吳三桂二十七歲的時候已經被封爲寧遠團練總兵，升遷如此的快，簡直氣煞旁人！

崇禎十六年正月，吳三桂給他的舅舅祖大壽寫了一封信，這個時候祖大壽已經投靠了皇太極。祖大壽把自己外甥的信拿給皇太極看，皇太極本來就想拉攏吳三桂這員大將，於是回信勸吳三桂降清。信中他向吳三桂許諾如果吳三桂投清榮華富貴美人會應有盡有，但吳三桂一直在糾結中。

Q 殉國

崇禎十七年，明軍在與農民起義軍和清軍的兩線戰鬥中，屢戰屢敗，已完全喪失戰鬥力。三月，農民起義軍圍攻京城。十八日晚，朱由檢與貼身太監王承恩登上萬壽山，遠望著城外和彰義門一帶的連天烽火，只是哀聲長歎，徘徊無語。回宮後他寫下詔書，命成國公朱純臣統領諸軍和輔助太子朱慈烺。

朱由檢哭著對周皇后說：「你是國母，理應殉國。」周皇后也哭著說：「我嫁來十八年，陛下沒有聽過我一句話，以致有今日。現在陛下命妾死，妾怎麼敢不死？」說完解帶自縊而亡。朱由檢轉身對袁貴妃說：「你也隨皇后去吧！」袁貴妃哭著拜別，也自縊了。

朱由檢拿著劍跑到大女兒，即十五歲的長平公主的房間，哭著說：「你爲什麼要生到帝王家來啊！」說完拔劍一揮，就要刺死這個女兒，無奈心有不忍，手一抖砍偏了，只砍斷了長平公主的左臂，長平直接昏死過去。朱由檢不忍心再下手，就扭頭走了，殺了幼女昭仁公主和幾個嬪妃。

長平公主被一個太監救走，寄養在一位大臣家中。順治二年，她向順治帝寫了封信，說自己是崇禎的後裔，想要出家。順治為了籠絡明朝老臣，就把長平接了過來，又是給錢又是送房送車的，並說：「別出家了，你爸爸已經給你找好了夫家，叫周世顯。」於是，順治給長平辦了場風光的婚禮，可惜，心靈已經重創的長平在婚後一年就去世了。

張嫣得知李自成攻入北京城的消息後，不願被俘，正準備自殺，恰巧這時朱由檢傳來命令，讓她自縊。她隔著簾子遠遠朝朱由檢一拜後，果斷從容地結束了自己的性命。《明史》有記載，說張嫣在自己的寢宮中上吊自殺，殉國明節。然而，當李自成攻入皇宮後，卻沒有找到張嫣的屍體。

十九日凌晨，李自成率領起義軍從彰義門殺入了北京城。朱由檢立刻鳴鐘召集文武百官，可是這鐘都快敲碎了，也沒看見一個大臣來到朝中，朱由檢不由得留下了兩行男兒淚，感歎自己竟然成了真正的孤家寡人。最後他召來太子等人，親自替他們換上舊衣服，交給太監帶出宮去。

朱由檢在心腹太監王承恩的陪同下登上了萬壽山，朱由檢站在萬壽山上，俯瞰著這個破碎不堪的江山，心中憋屈萬分：「爲什麼你們逍遙快活夠了，最終卻把屎盆子扣在我的頭上？簡直沒天理呀！」喊完之後，朱由檢解下自己的褲腰帶，往老槐樹上一搭，上吊自殺了。等朱由檢斷氣後，王承恩也在對面的樹上吊了。可憐一代帝王，死時身邊只有這麼一位太監陪葬。

三月十九日上午，李自成攻入皇宮，下令搜查朱由檢的下落，活要見人，死要見屍。結果在皇宮裏搜了三天也沒找到，最後在萬壽山的老槐樹上找到他的屍體。李自成將他的屍體抬到東華門，發現他身上的血書，念他好歹也是一國之君，就把他葬在了昌平。清軍入關後，爲收買人心，籠絡漢族地主階級爲清廷效力，又將他移葬思陵。

據史學家分析，朱由檢是我國最勤政的皇帝之一，「雞鳴而起，夜分不寐，往往焦勞成疾，宮中從無宴樂之事」。他二十多歲頭髮已白，眼長魚尾紋。然而，曾經強盛的大明帝國已經風雨飄搖，而他與臣子的關係可以說是歷史上最爲尷尬詭異的——相互仇視，相互依存、相互利用。他空有治國之志，卻沒有治國機會！

清朝編纂的《明史》也依舊承認朱由檢的優點：擁有極強的政治手腕，心思縝密，果斷幹練，並且精力充沛，幾乎擁有歷史上所有明君的特徵。但大明氣數已是油盡燈枯，王朝更迭的不可違之命，朱由檢的悲劇命運在於他不僅無法以一身之軀來阻止社稷顛覆之勢，而且歷史所能給予他的時間和空間註定他成爲不了一位中興之士。

一六四四年三月十九日這一天，成了統治華夏長達兩百七十六年的大明王朝的亡國祭日。每逢此日，黃宗羲、顧炎武等明末遺民必沐浴更衣、面向北方、焚香叩首、失聲慟哭，紀念這位命運悲慘的上吊皇帝。

揚州十日

李自成帶領大順軍攻打北京，朱由檢命吳三桂以最快的速度領兵保護北京。吳三桂慌慌張張地從寧遠進入山海關，這個時候李自成派他的部下唐通帶四萬兩白銀前去招撫吳三桂，吳三桂沒有搭理他。沒過多久李自成就攻破了北京。朱由檢上吊自殺時，吳三桂剛到豐潤一帶，得到消息後他停下了前往去北京的腳步。

李自成攻進北京後，他的手下在北京城內大肆搶掠。吳三桂的爸爸被李自成給關了起來，而他最寵愛的女人陳圓圓被李自成的手下劉宗敏給搶去了。吳三桂知道後，恨意夾著狂風暴雨襲向李自成！於是，吳三桂投降了清政府，從此他和清政府聯起手來共同對付李自成，所以李自成的命數也盡了。

南京是明朝的第二國都，朱由檢死後，他的堂兄福王朱由崧在南京繼承皇位，是爲弘光帝，改年號爲弘光。朱由崧也是破罐子破摔，不理朝政，只知享樂。清兵入關後，一路南下，迅速到達史可法鎮守的揚州城。史可法拚死抵抗，終於在七天七夜後因寡不敵眾而失敗。史可法英勇就義。之後清兵在城內進行了長達十天的血腥大屠殺，史稱「揚州十日」。

李定國在十歲的時候加入張獻忠的起義軍，並深得張獻忠的喜愛，被認作義子。李定國年僅十七歲便驍勇善戰，剛毅威猛，被軍中將士稱作「小柴王」、「小尉遲」。清軍入關後，他率兵挺進雲南，轉戰西南等地。看著清兵每到一處便燒殺劫掠，瘋狂掃蕩，李定國毅然放棄前嫌，「聯明抗清」，並連獲大捷。

順治十五年，在降清明將吳三桂、洪承疇的帶領下，清軍兵分三路攻打雲南。李定國曾「兩蹶名王，天下震動」，令清政府一度準備放棄西南七省。他幾乎把吳三桂打得全軍覆沒，但最後因軍中出現叛徒而失敗，退守昆明。永曆帝朱由榔嚇得逃到了緬甸，李定國重新聚集人馬後，曾連續十三次派人去接永曆帝返回，但這龜孫愣是不敢回來！

李定國艱難抗擊清朝十多年，但仍未完成復明的願望，後來因病去世。臨死前，他向兒子及部下交代：「就算是死在荒郊野外，也不能投降清軍啊！」說完，兩腿一蹬，駕鶴西去也！因李定國很受少數民族同胞的愛戴，死後猛臘人尊其爲神，稱爲「召法王」。只要是從李定國墳前經過的猛臘人，都會很虔誠地行禮叩拜。

順治十八年冬，吳三桂率領十萬清軍殺進緬甸，氣勢洶洶地對緬甸王吼道：「趕緊把朱由榔那龜孫交出來，不然我可要挖你家祖墳了！」緬甸王雖不經常出國，但吳三桂的大名還是聽過的，知道這人得罪不得，於是就乖乖地把朱由榔交了出去。吳三桂帶著朱由榔剛回到昆明，就把他勒死了，明朝政權至此徹底覆滅。

明朝是中國繼周朝、漢朝和唐朝之後的盛世（黃金時代），史稱「治隆唐宋」、「遠邁漢唐」，同時也是中國歷史上最後一個由漢人統治的封建王朝。正如有些人的評價：「大明，無漢唐之和親，無兩宋之歲幣，天子御國門，君主死社稷，當爲後世子孫所敬仰。」

＊微歷史大事記＊

萬曆三十八年（一六一〇年），朱由檢出生。

天啟七年（一六二七年），朱由校病逝，年二十三歲。朱由檢即位，是為明思宗，次年改元崇禎，稱崇禎帝。十一月，滅魏忠賢一黨。

崇禎元年（一六二八年），全國性大災荒。李自成起義。

崇禎二年（一六二九年）三月，定立魏黨「逆案」。

崇禎三年（一六三〇年），立皇長子慈烺為皇太子。永平四城失守，袁崇煥馳援京師，並收復永平四城。六月，張獻忠聚眾起義。八月，袁崇煥被凌遲處死。

崇禎八年（一六三五年）正月，農民軍攻克鳳陽，掘皇陵。八月，盧象升、洪承疇剿匪。十月，下罪己詔。

崇禎十一年（一六三八年），招降張獻忠，大敗李自成。清軍犯境。

崇禎十四年（一六四一年），李自成攻克洛陽，殺福王朱常洵。

崇禎十五年（一六四二年），清兵攻克松山，洪承疇降。祖大壽以錦州降清。十一月，下詔罪己，求直言，起用廢將。

崇禎十七年（一六四四年）正月初一，李自成在西安稱王，國號「大順」。三月，李自成攻陷北京城，朱由檢自縊於萬壽山，清兵入關，明亡。

明朝其實很古怪

作者：丁振宇
出版者：風雲時代出版股份有限公司
出版所：風雲時代出版股份有限公司
地址：105台北市民生東路五段178號7樓之3
風雲書網：http://www.eastbooks.com.tw
官方部落格：http://eastbooks.pixnet.net/blog
Facebook：http://www.facebook.com/h7560949
信箱：h7560949@ms15.hinet.net
郵撥帳號：12043291
服務專線：(02)27560949
傳真專線：(02)27653799
執行主編：劉宇青
美術編輯：許芷姍
法律顧問：永然法律事務所 李永然律師
北辰著作權事務所 蕭雄淋律師
版權授權：南京快樂文化傳播有限公司

初版日期：2013年7月
ISBN：978-986-146-987-4

總 經 銷：富育國際股份有限公司
地　　址：台北縣新店市中正路四維巷二弄2號4樓
電　　話：(02)2219-2068

行政院新聞局局版台業字第3595號 營利事業統一編號22759935

國家圖書館出版品預行編目資料

明朝其實很古怪／丁振宇著.-- 初版.
臺北市：風雲時代，2013.06 -- 面；公分

ISBN 978-986-146-987-4（平裝）
1.明史 2.通俗史話

626　　102009037

原價：280元
限量特惠價：199元

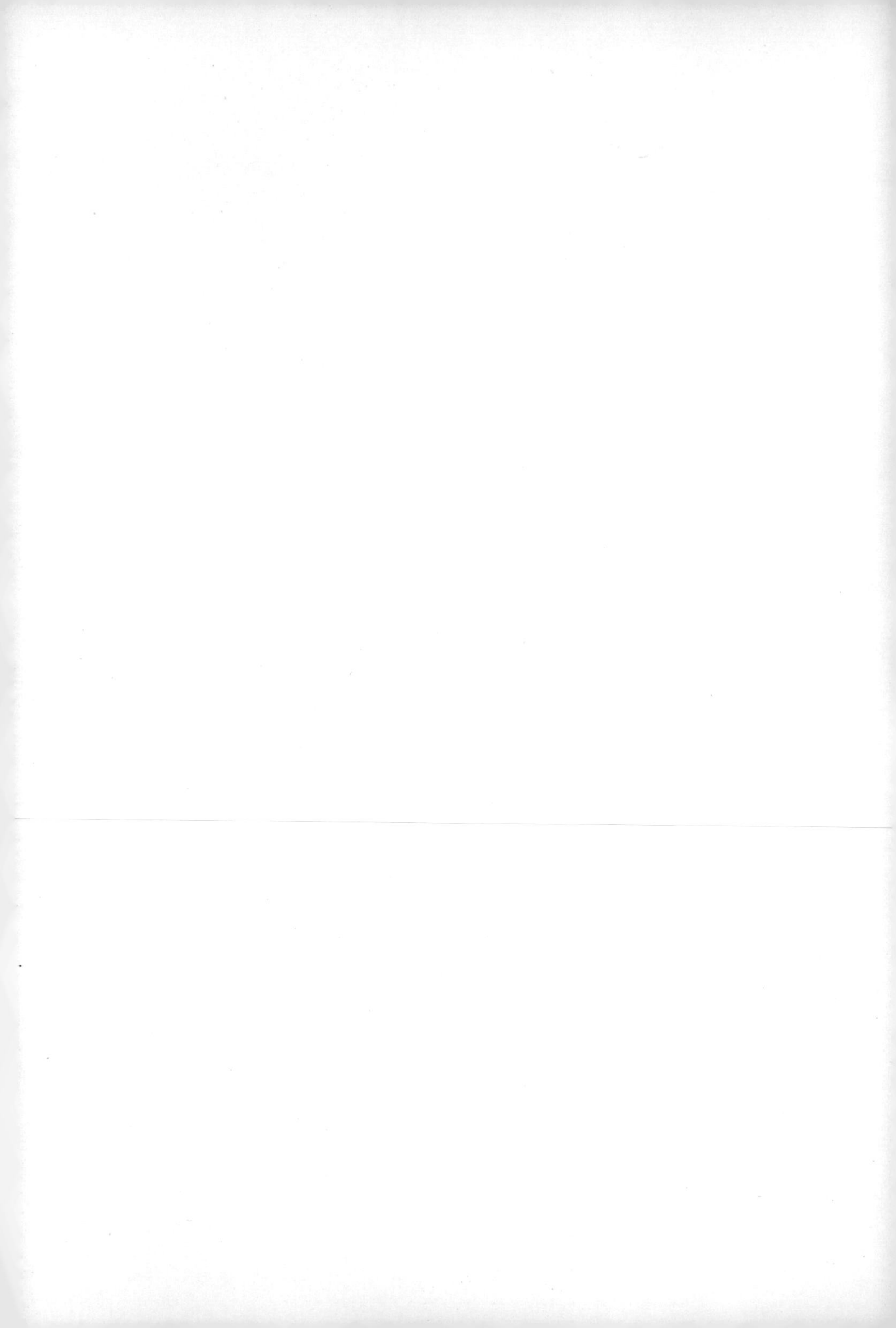